イスラエルに見る

聖書の世界

旧約聖書編

THE WORLD OF THE BIBLE SEEN IN ISRAEL

ミルトス

イスラエルに見る聖書の世界
旧約聖書編

目次

四千年の昔、人類最初の文明が栄えた中近東の片隅で、一人の遊牧民が故郷を去って見知らぬ地に移り住むという、ごく当り前の出来事が起こった。

その人の名をアブラハムといい、移住先はカナンと呼ばれる、当時の文明都市から遠い一地方であった。

アブラハムは、神の命令によってカナンに導かれ、諸国民の父になるとの約束を得ていた。しかし、彼は一生その地の荒野を流浪しつつ、生涯を閉じた。だが、それで終わらず、後の人類の歴史に大きな影響を及ぼすことになる。

アブラハムの子孫は、やがて一つの民族となり、民族の歴史を通して父祖の信仰を守り育て、一連の書物に綴った。

この民族は一時栄華を誇るのもつかの間、二千年前、祖国を失って世界各地に散らされてしまう。しかし民はその書物を守り、逆にその書物は民を結んで、時の試練をくぐり、アブラハムの子孫は今も不死鳥のように生き続けている。

世界史が諸民族の興亡の記録であり、とりわけ古代オリエントが消えた民族の遺跡にみちているとき、これは世界史の奇跡ではなか

ろうか。秘密は、その書物にあった。

さらにその書物は、民族の垣根を越えて、世界のベスト・セラーとなり、人類共通の精神的遺産として認められている。

その書物とは、他ならぬ「旧約聖書」である。そして、その民とはイスラエル民族、またの名をヘブライ民族あるいはユダヤ民族という、驚異に満ちた人々だ。

聖書の舞台カナンは、アジア大陸の西端、東地中海の波寄せる海岸とアラビアの大砂漠に押し迫られてつつましく横たわる、イスラエルの地である。

聖書は、大民族の征服の物語でも、偉大な王や英雄の冒険譚でもない。この小さな民族の苦難の歴史の中で営まれた、神と人間との熱い交流のドラマだ。

そのイスラエルの地に立つ時、過去が現在とともに在り、未来を告げた預言者の声が響いてくる。聖書のメッセージは生きている。

それにしても、この膨大な書物は、時と風土を異にした日本人には近寄りがたい。ここに、聖地の実景写真とやさしい解説をもって、魅力あふれる聖書の世界に御案内しよう。

THE
WORLD
OF
THE BIBLE
SEEN IN ISRAEL

一章　聖地と聖書

聖都エルサレム

「主は大いなる神であって、
われらの神の都、その聖なる山で、
大いにほめたたえらるべき方である。
シオンの山は北の端が高くて、
うるわしく、
全地の喜びであり、
大いなる王の都である」。

（詩篇四八篇）

標高八〇〇メートル、荒涼としたユダの山地の中心にあって、聖なるたたずまいを見せている宗教都市エルサレムです。

ここエルサレムにダビデが都を定めたのは、今から約三千年前のことでした。

エルサレムの神域　ヘリコプターから荒涼たるユダの荒野を写しつつ、次第に高度を上げてオリーブ山を飛び越えると、突然ファインダーにエルサレムがとび込んでくる。威厳をたたえた聖都エルサレムに胸うたれる一瞬である。

薄暮のエルサレム　ワイン色の澄んだヴェールに包まれた夕暮れのエルサレム。シオンの風は静かに鐘の音を運び来て、松葉をふるわせ、天空の星たちは新しい一日の始まりを告げる。〈展望山より望む〉

聖都エルサレム

エルサレム。

美しい都である。魅力あふれる町である。

自然の美のせいのみではない。四千年の歴史と人類の未来への希望が深く結びついた宗教都市だからである。聖書を生んだユダヤ民族にとって、エルサレムは世界の中心である。国を失って世界を流浪する民族離散の運命の中にあっても、彼らの魂はつねにエルサレムを慕い続けた。地の果てに行っても、その記憶は消えることがなかった。

聖書は、このエルサレムを「神の都」、「聖なる山」と呼んだ。思えば、三千年の昔、ダビデ王が都を置き、その子ソロモンが神殿を築いて以来、エルサレムは神と人との壮大なドラマの舞台となり、今なおその精神的支柱としての役割を果たし続けている。

ローマ帝国に国を滅ぼされたイスラエルの民は、二千年の間、エルサレムに向かって祈り、国を再建することを夢みて来た。そして、今日、新生イスラエルの首都として甦《よみが》えっている。

エルサレムは世界の聖都でもある。ユダヤ人のみならず、キリスト教徒、イスラム教徒が平和共存しておのおのの聖所を守っている。

聖書の預言者は、エルサレムについて、また人類の未来についてこのように預言した。

「もろもろの民はこれに流れてくる。
多くの国民は来て言う、
『さあ、われわれは主の山に登ろう』と」
（ミカ四章）

「多くの民および強い国民はエルサレムに来て、万軍の主を求め、主の恵みを請う」（ゼカ八・二二）

古来より、多くの巡礼者を呼び集めてきたが、ユダヤの律法によれば、一年に三度の大祭にエルサレムに詣でるのはイスラエル男子のおきてであった。都はその度に多くの巡礼者でにぎわい、町の人々は彼らを温かく迎える。エルサレム巡礼は神への感謝と出会いの時として守られたのであった。

その伝統はユダヤの民以外にも受け継がれて、クリスチャンの巡礼者も多い。この都を訪れる旅人は誰しも、神聖な霊気をすって、高貴な感動にうちふるえる経験を味わうにちがいない。

エルサレムの名と歴史

エルサレムは、最初「サレム」という名で聖書に登場する（創世一四・一八）。ユダヤ民族の父祖アブラハムがまだ遊牧の生活をしていた頃、このサレムの王メルキゼデクから祝福を受けたという。

その語源は「イール・シャローム（平和の町）」とも言われていたが、現在では「サレムの基礎」という意味が有力な説である。

「サレム」とはその地の神の名、薄暮の美女神のことだという。確かに、日没前後のエルサレムの神秘的な美しさは、たとえようもない。

後代のユダヤ伝承は、さまざまの解釈をつけ加えてきた。例えば、アブラハムの故事にちなんで、「アドナイ・エレ（主は見給う）」という聖書の中の言葉（創世二二・一四）と「サレム」を合わせた名が、エルサレムだという説もその一つ。

さて、サレムは異民族エブス人《びと》が支配していたが、その時代には「エブス」と呼ばれた。その難攻不落の丘をダビデが征服して、はじめてイスラエル民族の町となる。その丘は「シオン」とも呼ばれた。それは紀元前一千年の頃である。

預言者の時代には「アリエル」とも別称された（イザ二九・一）。神の獅子という意味である。

シオンはやがてエルサレムと同義語になり、イスラエル全体をも象徴する名となる。

「シオンに帰る」とは、宗教的内容を含み、ユダヤ民族の長年の祈りの合言葉であった。

エルサレムの歴史は、また戦争と征服の悲惨をつづった歴史でもあった。エジプトとメソポタミアの二大文明国にはさまれたこの地は、有史以来多くの征服者を呼んだ。エジプト、アッシリアに朝貢し、バビロニアに征服され捕囚となり、ペルシアに救われて帰還し、やがてギリシアに占領され、一時の独立も束の間、ローマ軍に徹底的に破壊される。続いてイスラム教徒、十字軍、トルコが支配し、イギリスの委任統治。

イスラエル民族にエルサレムが戻ったのは、二十世紀の大いなる奇跡である。

うるわしさの極みエルサレム

エルサレムはユダ山地の尾根のほぼ中央に位置している。北のシケムと南のヘブロン、ベエルシバを結ぶ道路と、東のエリコ、西のヨッパを結ぶ道路の交差点に当たる。

ユダの山々を東の荒野から上って一番高い丘を登りつめると、城壁に囲まれた神殿域と繋く連なった街並が突然目にとび込んでくる。糸杉やオリーブの樹々、黄金のドーム、教会やモスクの尖塔、ユダヤ教の会堂の丸い屋根……。

オリブ山という、その丘に立って見るエルサレムの町の姿が最も壮観である。昔、長い旅の苦労を終えた巡礼者はオリブ山で随喜の涙を流したという。

西の海岸平野から上って行くにしても、最後の一山を越えるまでは、都の明かりは望むことができなかった。それで、詩人は

「山々がエルサレムを囲んでいるように、
主は今からとこしえにその民を囲まれる」
（詩篇一二五・二）

とうたった。

エルサレムは周囲を山で囲まれ、東西南に三つの谷をもつ天然の要害である。

エルサレムのからめ手は北側にあった。谷はなく、北の山々につながっているので、エルサレムを眼下に見下ろす位置に容易に立つことができる。

預言者エレミヤは、その展望山（ハル・ハツォフィーム）に立って、「谷に住む者よ、平原の岩よ」と呼んでいる（エレ二一・一三）。

そして「北から災いと大いなる破滅がくる」ことを警告したのであった。

エルサレムを囲む聖地に立ってみて初めて、聖書がありありと現実感をもって読めるのは、誰しも体験する事実である。

灼熱の国イスラエルにあっても、エルサレムは気候的に住みやすいと言えよう。空気は乾燥し、流す汗も見るまに蒸発する。熱い日中も日陰に入れば、驚くほど涼しい。一本の木陰の価値は、体験して分かるものだ（ヨナ四・六）。

エルサレムの夜明け、日没は素晴らしい。朝はしっとりと地中海の露をふくんだ涼風が、夕は日没とともに高原の冷気が肌をうるおしてくれる。

エルサレムの上にひろがる空の青さ。ベージュ色のエルサレム・ストーンに統一された石造りの建物に調和して、限りなく天の広さを人々に覚えしめる。信仰ぶかい人々は、地上のエルサレムの上に〝天上のエルサレム〟を見とった。エルサレムこそ天と地の接吻する宇宙の中心だと、ユダヤ賢者は信じている。

「うるわしさの極み」（詩篇五〇・二）という修辞語に、たしかにふさわしい地であろう。

聖書について

全イスラエルを平定し、ユダヤ民族による統一国家を創ったダビデのもう一つの事業は、民族の歴史を記録することでありました。ここに旧約聖書の資料収集が始まりました。

伝承によって伝えられたアブラハム、イサク、ヤコブと続く父祖たちの歴史を記述すること、それはまた民族の信仰の確立でもありました。

「聖書は、世界の全ての民族が、一つになり、唯一の神を信じて、お互いの間に愛と平和が生まれることを預言しています。

箴言をはじめ詩篇などの聖書の文学は、イスラエルについてのことだけでなく、人間の普遍的な価値について述べています。それは一つの民族を越えて、もっと広くすべての人たちに向けられたメッセージです」。

（ワインフェルド教授）

モーシェ・ワインフェルド教授

1925年生まれ、ポーランド系のユダヤ人。1965年ヘブライ大学にて哲学博士号を取得し、現在ヘブライ大学の聖書学教授。

また、米国ブランダイス大学、カリフォルニア大学などの神学院で客員教授としても活躍中。主要研究テーマは「イスラエルと古代中近東における法律と契約」「クムラン教団」著書に「申命記と申命記学派」（オックスフォード大学出版1972年）などがあり、聖書学において世界的に著名な学者として広く知られている。

聖書の最も基本となる神の戒めはモーセ五書（トーラー）に収録されているが、トーラーは昔から写本家によって一字一字書き写されて代々、正確に伝えられてきた。

ユダヤ教の礼拝用には、昔ながらの伝統を厳格に守って、羊皮紙の上に正確な古い字体のヘブライ文字で筆写した巻物を使っている。古くなって、文字の薄くなった個所は修正され、大切に何百年も子孫に受け継がれてきた。

イスラエルの男児　宗教熱心な家庭では、3歳まで髪を切らない。

ユダヤ教学院でトーラーを勉強する子供たち。独特の節まわしをつけて、暗誦してゆく。12歳頃にはトーラーをほとんど暗記してしまっている。

楽しい休み時間　頭上のキッパーと衣のふさがユダヤ教徒の特徴だが、ここの子供たちもそれを身につけている。

世界最初の義務教育

シオンの丘にあるディアスポラ・イェシバー（ユダヤ教学院）を見学した。

砂場で無邪気に遊んでいた五歳の男の子が、授業が始まると声をはり上げて教科書（聖書）を一斉に読み始めた。髭《ひげ》をたくわえた先生の声に合わせて読み続ける。先生は所々発音の注意をする程度で、特別な解説はしなかった。

ここに通う宗教家の子供たちは、三歳から文字を習い、四歳よりトーラーの暗誦が始まる。十二歳頃には、モーセ五書をほとんど暗記してしまうという。そしてその次は、より高度なタルムードなどの勉強に入ってゆく。

二千年前のイエス・キリストの時代から、すでに町々村々にこんな寺子屋（ヘデル）があったそうだ。

世界で最初に義務教育を行なったのが、ユダヤ人であるというのも、この子供達の熱心な勉強ぶりを見て納得がいった。この学校の授業時間は、朝八時半始業、午後二時から四時まで休憩、そして六時まで勉強である。聖書の他に数学なども学ぶ。

全世界に離散したユダヤ人にとっては、どんな迫害の嵐のなかでも、子弟の教育は最重要な責務であった。こうして幼い子供の宗教教育と、家庭での宗教生活があいまって、ユダヤ教の伝統は守られて来たのである。

トーラーを高々と持ち上げ、神の言葉が与えられたことを感謝し祈る人々。

トーラーをめぐる人々

バル・ミツバ

ユダヤ人の家庭では、男子が十三歳になると「バル・ミツバ（律法の子の意）」の儀式を行う。この日から、シナゴーグ（ユダヤ教会堂）で正式のメンバーとして祈ることが認められる、いわば元服式である。

毎週月・木曜日になれば、エルサレムの嘆きの壁の前は、国中から集まったバル・ミツバを祝う家族や、その親族たちで一杯になる。古式にのっとった祈りの服装に身を整え、大きなトーラーを両手で抱きかかえ、ラビ（宗教家）と父親につきそわれて、壁の前に出て来る。ラビの司式で、そのトーラーが開かれ、大声で少年が読み上げてゆく。女性たちは、広場の外から、歓声を発しながら、バラバラとキャンディーを投げて喜びを表現する。夜には、盛大な祝いの席がもたれるそうだ。

これは、生後八日目に行なわれる割礼の式や、結婚式と並ぶ人生の節目をなす儀式なのである。

写本家

トーラーは羊皮紙に手書きされたもので、命あるものとして、最も大切に取り扱われる。その価値は金銭では計れない。火炎に包まれたシナゴーグから、トーラーを助け出そうとして、焼死した男性の話を聞いたことがある。

このトーラーを筆写する人をいろんな方面にお

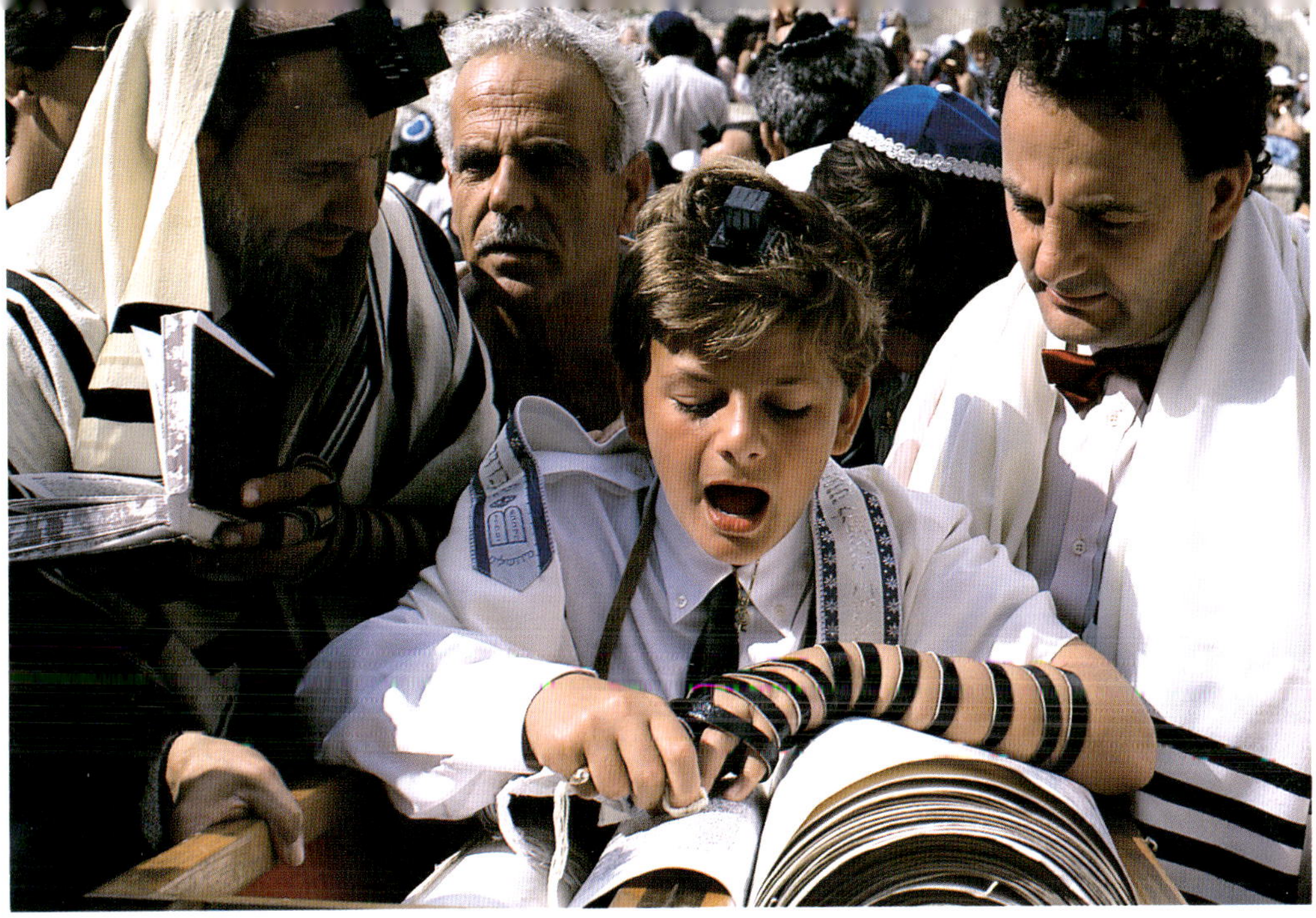

バル・ミツバの式　ラビや父親たちの見守るなか、大声でトーラーを読み上げる13歳の少年。

シムハット・トーラーの日
この日、シナゴーグでは、トーラーをかかえて夜も更けるまで喜び踊る。

願いして探してきたが、どうしても写すチャンスに恵まれなかった。一年間の滞在期間も終りに近づいて、ほとんどあきらめかけていた時、ようやくエルサレムに住むエズラ・サラビーさん（七五歳）にめぐり会えた。市の西方にある新興住宅地のアパートに奥さんと二人で質素に暮らしておられる。

　美しく晴れた朝、サラビーさんのお宅に伺うと、机一杯に巻物を広げ、一心に仕事をしておられた。筆記用具は十センチほどの竹べらである。ユダヤ教の細かいしきたりに従って、調製された墨が使われているとのこと。かたわらに聖書は置いてあるが、開きもしないで書いてゆく。トーラーを全て暗記しているのに感動してしまった。一点一画の誤りも許されない大変な仕事である。

シムハット・トーラー

シナゴーグでは、このトーラーに王冠をかぶせ、ガウンを着せて人格のあるものとして扱う。

　ユダヤ教徒の毎週読むトーラーの箇所は全世界共通で、それを一年間かけて読み通し、読み終えた時には、「シムハット・トーラー（律法の喜び）」という熱狂的なお祭りを祝う。

　一つのシナゴーグに四、五本のトーラーがあり、男たちはそれを抱いたり、高く両手でかかげ持ったりして、天をあおぎ足を踏みならしつつ、何時間も踊り続ける。

「主のおきて《トーラー》は完全であって、魂を生き返らせ、
主のあかしは確かであって、
無学な者を賢くする。
主のさとしは正しくて、心を喜ばせ、
主の戒めはまじりなくて、眼を明らかにする。
これらは金よりも、多くの純金よりも慕わしく、
また蜜よりも、蜂の巣のしたたりよりも甘い」
（詩篇一九篇）

ダビデの治政と聖書

エルサレムを最初に都と定めたダビデ王は、今なおイスラエルの民に最も愛され、尊ばれる人物である。

旧約聖書は、このダビデの時代について他のどの時代よりも、詳しい物語を記録している。国家統一の後に、ダビデの宮廷には多くの書記官や史官が雇われたことは想像するに難くない。

一面では国家財政のため、人口調査や課税のための土地区分の記録を要したようである（サム下二四章）。

また、一面、王朝の公式記録もあったであろう。

「ダビデ王の歴代志」「ソロモンの事績の書」「イスラエルの列王の記録」などの言葉が聖書の中に残っている。

宮廷の資料ばかりでなく、先見者サムエルの書、預言者ナタンの書、および先見者ガドの書など預言者らの記録、各部族の系図等々、多方面から記録が残されたことを伺い知ることができる。

だが、信仰心のあついダビデ王のことだから、民の中や、祭司たちの間に伝わる伝承を書き綴らせて、神の恵みを後世に伝えることを最も願ったに違いない。

言語の面から見ても、聖書の大部分がダビデ・ソロモン時代に、首都エルサレムで発達した当時の公用語で書かれていることを、権威ある学者も指摘している。

聖書について

「聖書（バイブル）」と言えば、キリスト教の聖典であるということは、日本においてほぼ常識になっている。しかし、聖書が旧約聖書と新約聖書に分かれ、旧約聖書はもともとユダヤ教の聖典であるものをキリスト教会が同じく聖典に採用したことは、意外に知られていない。

新旧という名称も、後代に至ってクリスチャンが呼んだ名称であって、ユダヤ人はもちろん自分たちの最も大事な聖典を「旧約」などと言わない。原典がヘブライ語で書かれているので、「ヘブライ語聖書」という方が正確であろう。

聖書は一冊の本になっていても、実は内容も成立年代も異なる沢山の本によって構成されている。日本語の聖書の目次を見ると分かる通り、旧約聖書が三九巻、新約聖書が二七巻から成っている。日本聖書協会の口語訳聖書では、旧約の一三二六頁に対して、新約の方は四〇九頁で約三分の一の量である。旧約聖書がユダヤ民族の二千年の歴史を通して生み出された民族の宗教文化の集大成であるのに対して、新約聖書の方は、原始キリスト教会の二百年ほどの伝道活動による文書であるところから生じた違いである。

そして新約聖書は、当時の世界共通語ギリシア語で書かれた。ローマ帝国の領土において、ラテン語よりギリシア語がよく通じたというのも面白い。ギリシア文明の優勢を示す証拠だ。しかし、新約聖書の書き手の多くはユダヤ人であったし、もちろんイエス・キリストをはじめ直弟子たちがユダヤ人であったという事実は、さらに重要である。

ギリシア語聖書も、その原資料はヘブライ語かその同族のアラム語で書かれていたものだという。とすると、人類はユダヤ人のお蔭で旧新約聖書を手に出来たことを感謝せずにはおれない。

ユダヤ民族は、旧約聖書以後にもミシュナー、タルムードという聖典を生み出した。最近、この中に新約聖書の背景を知る、素晴らしい宝庫があることも注目されている。

キリスト教がユダヤ教を母胎に生まれたという原点に立ちかえれば、聖書の源泉に帰ってもう一度、そこから霊感の泉をくむことが目覚めたクリスチャンの間に始まっているのも首肯《うなず》ける。

一方現代では、イスラエルの真摯《しんし》な聖書学者の間に、

ダビデの塔

旧市街ユダヤ人地区

「新約聖書」をユダヤの賢者時代に生まれたユダヤ民族の文献として重視しようとの気運があり、過去には考えられない相互理解が生まれ、新しい時代が来つつある。

聖書を、宗教の大切な教典として読む人もあれば、文学の書として読む人もあろう。いずれにしても、聖書が人類の魂の糧となった長い歴史は、今後もずっと続くにちがいない。

言うまでもなく、聖書は他に類を見ない世界のベスト・セラーであり、ロング・セラーである。現在、聖書の全訳、部分訳を合わせると、千八百種の言語におよび、世界中では年間千三百万冊も印刷されている。日本では、年間十八万冊近く配布されているという。

さて、ヘブライ語聖書の構成を見ていただきたい。大きく三つに区分されているが、最初が「律法（トーラー）」と言い、次いで「預言書（ネビイーム）」、最後の「諸書（ケトゥビーム）」は詩歌、文学、格言、歴史などを含んでいる。三つの頭文字を取って「タナッフ」というのが、ヘブライ語で聖書を表わす語であり、「ミクラー（読まれたるもの）」とも言う。

その聖書の中で、最も基本になるのはトーラーである。それを構成する創世記をはじめ、出エジプト記、レビ記、民数記、申命記は「モーセ五書」と呼ばれ、昔より羊皮紙に筆写されて伝えられてきた。

ヘブライ語聖書が、現在のような形態に編集され、正典としてまとまったのは紀元二世紀頃で、実に書き始められてから、千年以上かかって完成したことになる。

ヘブライ語聖書	律法	預言書	諸書
	創世記 出エジプト記 レビ記 民数記 申命記	ヨシュア記 士師記 サムエル記上・下 列王紀上・下 イザヤ書 エレミヤ書 エゼキエル書 ホセア書 ヨエル書 アモス書 オバデヤ書 ヨナ書 ミカ書 ナホム書 ハバクク書 ゼパニヤ書 ハガイ書 ゼカリヤ書 マラキ書	詩篇 箴言 ヨブ記 雅歌 ルツ記 哀歌 伝道の書 エステル記 ダニエル書 エズラ記 ネヘミヤ記 歴代志上・下

日本語聖書	律法	歴史	文学	預言
	創世記 出エジプト記 レビ記 民数記 申命記	ヨシュア記 士師記 ルツ記 サムエル記上・下 列王紀上・下 歴代志上・下 エズラ記 ネヘミヤ記 エステル記	ヨブ記 詩篇 箴言 伝道の書 雅歌	イザヤ書 エレミヤ書 哀歌 エゼキエル書 ダニエル書 ホセア書 ヨエル書 アモス書 オバデヤ書 ヨナ書 ミカ書 ナホム書 ハバクク書 ゼパニヤ書 ハガイ書 ゼカリヤ書 マラキ書

イスラエルの風土

北はシリア、レバノンを境とし、西は地中海、そして東はヨルダンの岩山にはさまれ、南はシナイ半島とアカバ湾に接した細長い地域、この地を舞台にして書かれたのが旧約聖書です。

後にローマ人によってパレスチナと呼ばれたこの地域は、聖書においては「カナンの地」と呼ばれています。中近東のきびしい砂漠地帯にあっては、「乳と蜜の流れる地」とも言われたように、天の恵みの豊かな地と思われていたようです。

イスラエルの面積は日本の四国を少し超える位の大きさです。しかしエルサレム付近を境に、南と北では気候風土に大きな違いがあります。

北の緑豊かな平野や丘陵地に比べ、南の岩山や砂漠地帯では、雨季でも降雨量は極端に少なく、乾季の猛暑は、砂漠から吹きつける熱風で、四〇度を超えることもしばしばです。

パレスチナが古くから特別な地域として位置づけられて来たのは、アフリカとアジアの両大陸を結ぶ陸の橋でもあったからでした。

エジプトとメソポタミアの強大国にはさまれながら、カナンに移り住んだイスラエル民族は、この旧約聖書を通して、独自の宗教文明を以後の全人類に遺しました。

ヘルモン山　イスラエルで最も高い山。2814メートル。冬の雨季は白雪を頂く秀峯。「ヘルモンの露がシオンの山に下るようだ」と詩篇にうたわれ、神の祝福の源泉だと賛えられている。

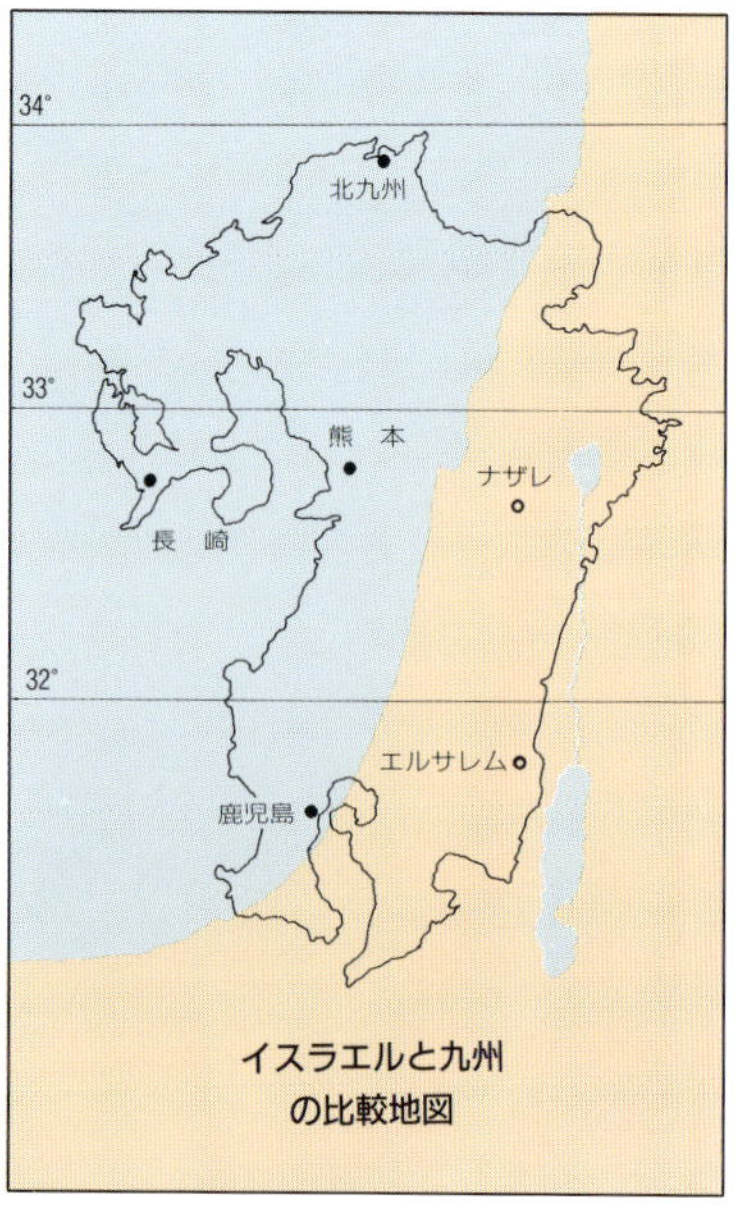

イスラエルと九州の比較地図

イスラエルの位置図

ダンの水流　ヘルモンの雪どけ水が伏流水となって、ここに噴き上げ、ヨルダン川となってガリラヤ湖にそそぐ。

アラバの荒野　国土の南部は大半が、このような荒涼とした荒れ地。

夏の乾季にはアザミも立ち枯れて見事なドライフラワーとなる。

危険な脱水症状

四月に入ると雨季が終わり、それから十一月までの約七ヵ月間は、雨が一滴も降らない乾季に入る。

五月から、日射しが強くなり出すと、雑草は次第に緑を失い、立ったままで枯れてゆく。

雨季には、色とりどりの花々が咲き乱れていたガリラヤ湖畔ですら、乾季には全く変色してしまう。人の背丈ほども高くたくましく大きな花をつけていたアザミも、見事なドライフラワーとなる。

夏はどこもかも茶色の世界だ。初めて見る私には信じられない光景であった。

こんな乾燥した空気は日本では体験できない。ガイドから最初に注意されたことは、「一時間にコップ二杯の水は必ず飲むこと」であった。頭痛が始まったら脱水症状で、回復に時間がかかるし、危険だと聞かされた。日本のように汗をかかないので、意識的にでも水を飲まねばならない。

ところが十一月に入ると、ヨレー（矢）と呼ばれる初めの雨が、空気中の埃《ちり》を洗い流すように降って来る。白い自動車も泥をかぶったように茶色になってしまう。

次第に寒さが身に沁みる十二月頃には、不思議なことに、いつのまにか野山は少しずつ、緑色になってゆく。

あの荒涼たるユダの荒野さえも、雨の多い年は、若草色になったことがあると聞いた。年間平均二〇〇ミリという極端に少ない降雨量だが、少しの雨でも降れば、植物の種子は、生命活動を始めるのである。

旅人に水一杯を施すことは、このような乾燥地帯にあっては、人の生死にかかわる重要な不文律のおきてであろう。

イエスもマタイ福音書の中で「わたしの弟子であるという名のゆえに、この小さい者の一人に冷たい水一杯でも飲ませてくれる者は、よく言っておくが、決してその報いからもれることはない」（一〇・四二）と言って、水一杯の大切さを表現している。

二章　族長時代

祝福の基 アブラハム

ハランに住むアブラハムに、ある日、神の呼ぶ声がありました。

「国を離れ、親族とも別れ、父の家を離れて、私の示す地に行け」

「私はあなたを祝福し、あなたの名を大きくしよう。あなたはもろもろの国民《くにたみ》の祝福の基《もとい》となるであろう」　（創世一二章）

神の呼ぶ声に励まされて、彼は人類の歴史に新しい一歩を踏み出しました。

こうしてシリヤ砂漠を通ってカナンの地にやって来たアブラハムは、シケムに祭壇を築き、生活を始めたと創世記は記しています。これがユダヤ民族の歴史の始まりでした。

古代のシケムは、現在の「テル・バラータ」のあたりですが、紀元前一二〇〇年頃までカナンの中心都市として栄えたということです。

ゲリジム山とエバル山の山あいに、シケムの町はありました。現在「ナブルス」とも言われています。

やがて、アブラハムは南のネゲブに移りました。

激しい飢饉《ききん》がネゲブの地をおそい、アブラハムの一族はエジプトに逃れました。

たくさんの家畜を手に入れ、豊かになって、再びカナンの地にもどったアブラハムの一族は、各地に天幕を張りながら遊牧生活をおくっていました。

ハラン　神の命に従って、アブラハムは出で行く先を知らずして旅だった。信仰の父、アブラハムの物語はここに始まる。

テル・バラータ　エバル山とゲリジム山の谷間にある古代シケムの遺跡。

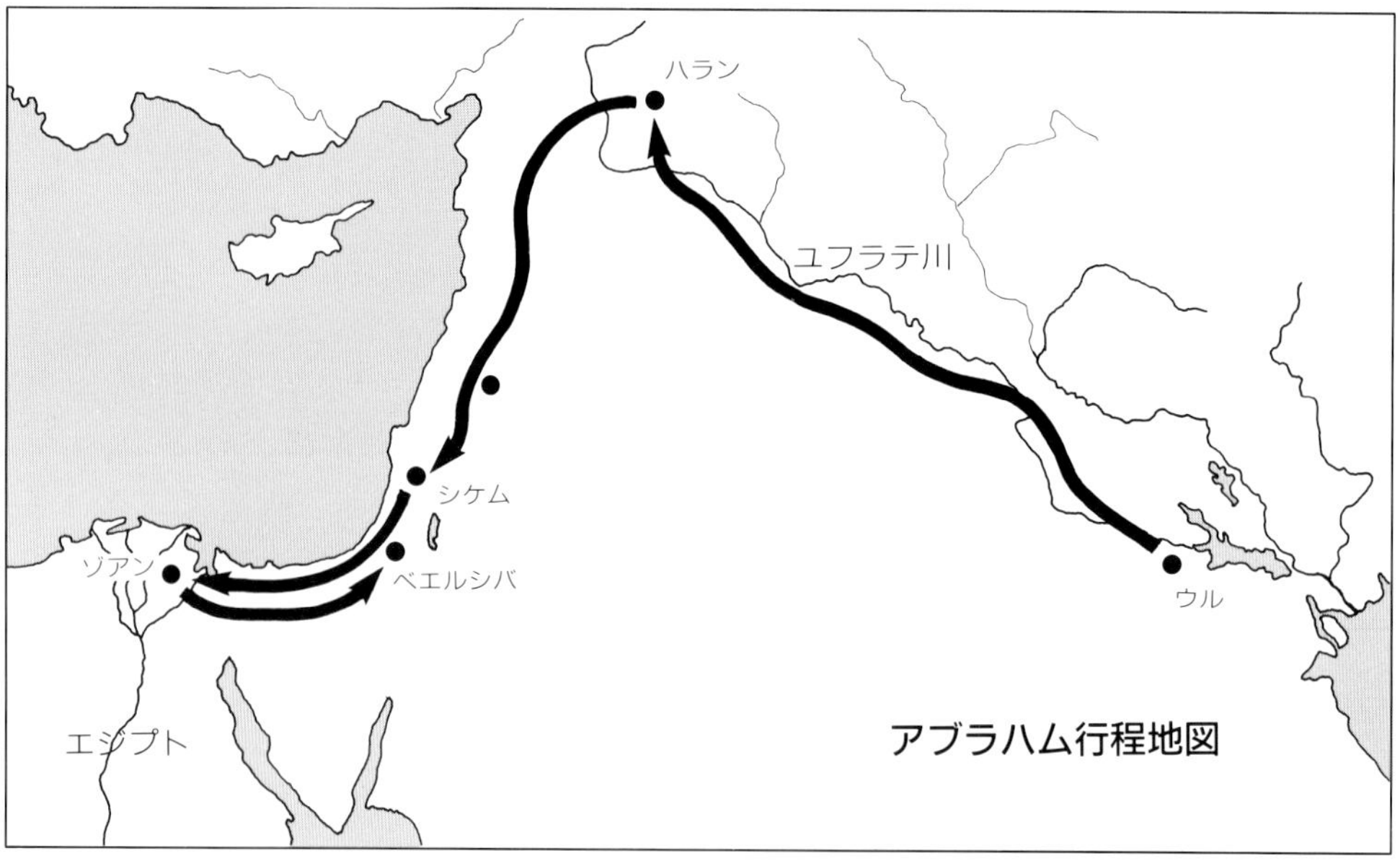

アブラハム行程地図

父祖アブラハム

イスラエル民族の歴史は、アブラハムと共に始まる。アブラハムはもとの名をアブラムといい、創世記一一章二六節に初めて登場する。

聖書をひもとくと、ノアの三人の息子の一人セムの系図が記されている。その九代目の子孫に、アブラハムの父テラがいた。彼はカルデアのウルという地に住んでいた。

ウルという町は、メソポタミア文明の最も栄えた都市で、一九二二年に考古学者ウーリーによって発掘された豊かな出土品は、高度な文化の存在を立証している。現在、これらの出土品は大英博物館のバビロニア室に陳列されている。

ところで、多神教の偶像礼拝にみちた物質文明にいや気がさしたのか、テラは一族郎党をひき連れて、ウルを脱出し、カナンの地を目指して、ユーフラテス川沿いに北上した。

その一行に、アブラハムとその妻サラ、甥《おい》のロトも一緒に加わった。

しかしテラは、最初の目的地に達しないまま、なぜか途中のハランという地にとどまった。その理由について聖書は何も語っていない。

そして、創世記一二章において、神の呼び声がハランにいたアブラハムにささやいた。ここから、聖書中で最も偉大な人物アブラハムの叙事詩がはじまる。その信仰と献身、流浪と勇気、祈りと苦闘、人間の弱さと神の愛など、彼についての物語は尽きることのない霊感と教訓の泉を人類に与えてきた。

ユダヤ教の賢者の説くところによれば、アブラハムはその生涯において神から十の試みを受けた。その最初の試みが、この「ハランの地から出て行け」との神の命令であった。

神の試練に試みられつつ、アブラハムの魂は成長し、やがて全世界の「祝福の基《もとい》」とまで呼ばれる信仰の父となったのである。

ハラン

アブラハムが滞在していたハランは、東西通商路の中継都市として繁栄していた。

現在のトルコ国のハルランと思われる。今はただの一寒村に過ぎないが、当時、ハランには、月神「シン」を崇拝する神殿があり、ウルの町と同様に住民たちはこの月の神や空の星々を信ずる多神教の信者であった。

聖書のヨシュア記によれば、アブラハムの父も「ユフラテ川の向こうに住み、ほかの神々に仕えていた」（二四・二）という。

アブラハムにおいて初めて、天地を創造した唯一の神を信ずる信仰が生まれた、とユダヤ教の伝承は述べている。

神の唯一性はユダヤ教の最も重要な教義である。聖書自身は、創世記の中ではそれについて明言していないが、申命記に至って「われわれの神、主は唯一の主である」という信仰表明が「聞け《シェマァ》イスラエルよ！」で始まる祈りの中にある（六・四）。

シケム

主はアブラムに現れて言われた、「わたしはあなたの子孫にこの地を与えます」（創世一二・七）。

聖書の中で、神が最初に人間の前に現れたのが、このシケムの町においてであった。

アブラハムは、彼に現れた主への感謝と約束のしるしに、初めてここに祭壇を築いた。族長たちの築いた祭壇は、それから後の時代において、イスラエルの主要な聖なる町として栄えたのであった。

「シケム」とは、かしの木の廃墟の意味である。古

ナイル川の恵みに浴するエジプトは、旱ばつに悩むイスラエルをしばしば救った。

代には、このかしの木は、その荘厳な樹姿のために神聖視されていた。

またシケムの町は、カナンの国のほぼ中央部にあたり、古代から国を治めていく上で中心的な役割を果たした。それで聖書は、このシケムを「地のへそ」とも呼んでいる。

テル・バラータ（アラビア語で「かしの木の丘」の意）は発掘の結果、紀元前四千年頃から最初の村落が存在し、紀元前一八世紀には新しい定住者（アモリ人）がここに神殿を建てたことが確認された。アブラハムがたどり着いた「シケムの所」（創世一二・六）は、この神殿の場所だと思われる。

ネゲブ

ネゲブとはイスラエルの南部地方を指す。年間降雨量が一〇〇～三〇〇ミリの乾燥した地域で、昔から今に至るまで遊牧民が転々と移り住んできた。聖書には何度も「ネゲブ」という言葉が出てくるが、単に南を表わす表現の場合も多い。

乾燥した気候と塩分質の土壌のため、限られた植物しか育たず、聖書ではアカシアの木や、ぎょりゅうの木（創世二一・三三）などの名が知られている。

雨の少ないネゲブも、雨季になると時には洪水にみまわれる。

土壌が雨水の浸透しにくい、チョーク質の岩石のため、降った雨は地表を流れて、わずかの雨量でもたちまち鉄砲水のような急流になる。

「主はわれらのために大いなる事をなされたので、われらは喜んだ。

主よ、どうか、われらの繁栄を、ネゲブの川のように回復してください」（詩篇一二六・三～四）。

詩人が民族の運命の回復をこの「ネゲブの洪水」に譬《たと》えてうたったのには、このような背景がある。

エジプトへの避難

「アブラムはなお進んでネゲブに移った。さて、その地にききんがあったのでアブラムはエジプトに寄留しようと、そこに下った。ききんがその地に激しかったからである」（創世一二・九～一〇）

アブラハムは、飢饉《ききん》を逃れてエジプトへ下ったが、同じ状況が、後のヤコブの子たちの時代にも起った。そして、アブラハムの行動と後の「出エジプト」したイスラエル民族の行動が、非常によく似ていることに驚く。

後代の預言者ホセアは、神の言葉を代弁して「わたしはイスラエルの幼い時、これを愛した。わたしはわが子をエジプトから呼び出した」と言っている（ホセ一一・一）。

新約聖書は、幼な子イエスが危うく殺されかかったところをエジプトに逃れ、再びイスラエルの地に帰ったと記している。（マタ二章）。

これは、聖書と民族が持っている大きなモチーフの一つであろう。ユダヤ民族史を見ると、紀元前六世紀、捕囚の時代にエジプトへ逃れた者もおり、その後、離散の民族にとって、最大の居住地の一つがエジプトのアレキサンドリアであったことも、イスラエルとエジプトの関係の深さを物語っている。

さて、創世記一二章の後半は、エジプトにおけるアブラハムと妻サラの物語であるが、これは、アブラハムの試練の時であった。アブラハムは妻を妹と言っていつわり、エジプトの王パロの後宮にサラは召し出されて、もう少しでパロのものにされるところを、不思議に救われ、多くの羊、牛、ろば、らくだなどを手に入れた。

ユダヤ教の賢者や注解者は、いろいろの立場から、この箇所を論じている。アブラハムは罪を犯したとも、反対に、神の摂理の深さを教えているのだとも言う。

甥《おい》のロトも、アブラハムと一緒に行動していましたが、二つの家族が共に住むには、山地もしだいに狭くなってきました。
　ロトと別れることを決心したアブラハムは、ある日、ロトを誘って小高い丘に登りました。アブラハムは言いました。「右でも左でも、お前の好きな方に行くがいい。私は反対の方に行こう」。　（創世一三章）
　ロトは肥沃なヨルダンの低地をえらび、アブラハムはカナンの山地に進みました。
　アブラハムと別れて、ロトの住んだソドムとゴモラの人たちの心は悪く、神は天から火と硫黄の雨を降らして、そこに住む人たちをことごとく滅ぼしてしまいました。
　この時アブラハムの願いによって、ロトの一家は、滅びの前に町を出ることを許されましたが、ロトの妻は、神の言いつけに背いて、後ろを振り返ったため、「塩の柱」になってしまいました。　（創世一九章）
　聖書で「ソドムのぶどう」と言われる木が死海のほとりに生えています。美しいが毒のある実です。

ソドム山　山全体が岩塩でできている。火と硫黄の雨で滅んだソドムの町はこのあたりか。

死海に浮かぶ　海水の8倍の濃度をもつため、どんなカナヅチの人でも浮いてしまう。

塩の結晶　雨で泥が洗い流されると岩塩が露出する。

死海　乾季の終わり頃になると水面に塩の結晶が成長する。

ソドムとゴモラ

聖書時代の、ソドムとゴモラの位置は不明である。おそらく、死海の南端に沈んでしまったか、あるいは、その沿岸地方にあったのであろう。

アブラハムの時代には、ソドムとゴモラはカナン人《ひと》の南境であった（創世一〇・一九）。そして、このヨルダンの低地は主の園のように、すみずみまでよく潤っていた（創世一三・一〇）。

しかし、人々のはなはだしい罪のため、神はソドムとゴモラを滅ぼそうとしたが、アブラハムは「たといその町に五十人の正しい者があっても、悪い者と一緒に滅ぼすのですか」と神に対して抗議する。四十人、三十人と数を減らし、ついに「もしそこに十人の正しい者がいたら滅ぼさない」という神の約束を引き出した。十人とはヘブライ語で「ミニヤン」と言い、会衆の祈りがなされるための最小単位である。

後に、最愛の子イサクを捧げよとの神の命令に黙って従ったアブラハムであるが、ここでは神の義が地に確立するために、あえて神に進言する勇気ある信仰者のおもかげが偲ばれる（創世一八・二二〜三三）。

この死海の南には、「ソドムの山」と呼ばれる岩塩の山々が険しくそびえ立っている。南北一〇キロメートル・幅五〇〇メートルの範囲にわたり、高さは死海から二〇〇メートルに及ぶ。

アラブ人の伝説によれば、古代のソドムは、この山の中に存在し、罪人たちは岩塩に化してしまったという。このソドムの山には、一切の植物も生育せず、人もここに住むことはできない。

「のがれて、自分の命を救いなさい。うしろをふりかえって見てはならない」（創世一九・一七）。この神の命令に背いてふり返ったロトの妻は塩の柱になった。人々は神を畏れない罪の恐ろしさを教えるために、この塩の柱を子供たちに指さしたことであろう。

「手にすきをかけてから、うしろを見る者は神の国にふさわしくないものである」（ルカ九・六二）と言ったイエスも、この創世記のロトの妻の物語を背景に語っている。

ロトの妻　後ろを振り向いて塩の柱になった。自然が作った岩塩の柱はアラビア服の婦人に見える。

ソドムのリンゴ

死海

アブラハムの時代には、死海の沿岸に五つの都市、ソドム、ゴモラ、アデマ、ゼボイム、ゾアルがあった。この中で最も大きな都市がソドムであったため、古代では死海を「ソドムの海」とも呼んだ。

神がソドムとゴモラを滅ぼしたのち、この沿岸も死の景観になってしまったと伝承は伝えている。

死海は「塩の海」とも呼ばれ、塩分の濃度が普通の海の約八倍で二五パーセントもある。海面下約四〇〇メートルで、世界で最も低い地点である。

ヘルモン山からガリラヤ湖、ヨルダン溪谷、紅海を貫き、アフリカのビクトリア湖に至る大地溝帯の最も深い所に位置している。死海の南北の長さは約七八キロメートル、東西の幅は約一八キロメートル、面積は琵琶湖の二倍弱で約一〇二〇平方キロメートルある。

現在の死海は、イスラエルの観光名所となり、世界中からの観光客が絶えない。また、海水の塩化化合物を利用しての化学工業も栄え、日本へも多くのカリ塩を輸出している。

ソドムのぶどう

死海の沿岸には、通称「ソドムのりんご」と呼ばれる木が見られる。

聖書の申命記の中で「ソドムのぶどうの木」（三二・三二）と呼ばれるものが、これではないかと推測される。

高さ数メートルにも育ち、春には青いりんご状の実がなるが、中身は果肉が全くない。これこそ神の呪いだと人々は言う。

旧約外典『知恵の書』の「木は実を結ぶが、熟すことがない」（一〇・九）とは、この木のことだとも言われる。

マーロット・アルボタイム　ソドム山内部にできた巨大な岩塩の煙突状洞穴。

死海で命拾い

乾季も終わりに近い十月頃、死海の塩の結晶は見事に水面上に林立する。水はどんどん蒸発して塩分は濃度を増していく。どんなに泳げない人でも絶対に沈まず、ポッカリと体を水面に浮かばせてくれる。死海の水をなめてみると、塩からいというより苦い味がした。

塩の結晶は美しい。カメラ三台をぶらさげて潜水用のシユーズを履き、水中を歩き回って夢中で写した。後日、ヘブライ大学の科学写真家にこの写真を見てもらったとき、これはどうやって撮ったのかと聞かれた。水中に入って写したんだと言うと、頭を横に振りながら驚いた表情で「今まで三人の写真家がこの死海で死んだ」と言った。同じように水中を歩いて写真を撮っている内に、湖底の塩の結晶が割れ、泥沼の中に足を引き込まれて上ってこれなかったそうだ。

死海のほとりに岩塩でできた山、ソドム山がある。この山の頂上に軍の監視所があり、対岸のヨルダン国を大きな望遠鏡で監視していた。のぞかせてもらうと、人が歩いている様子までよく見える。死海の南には、幾すじかの陸続きになった所があるので、そこからゲリラが歩いて侵入しないのかと聞くと、歩いては絶対に来れない。そこは泥沼だから死ぬ以外ないと言われた。知らぬ者は強いが、危うく命を落とすところであった。

ソドムあたりの死海沿岸に、硫黄の臭いがたちこめている所がある。聖書に記されているソドム、ゴモラの滅びの光景は火山活動によるものだったことを偲ばせる。ソドム山の中には、結晶が成長して盛り上がるとき、堅い岩にはばまれてできた巨大な岩塩の穴、マーロット・アルボタイム（煙突の穴）が見られる。「火と硫黄が降り、煙が立ちのぼった」という聖書の記述にあわせたような名前が付けられているのが面白い。

約束の子イサク

　ここヘブロンは、五千年前から存在する世界最古の町の一つです。もとの名は「キリアテ・アルバ」（四つの町）と呼ばれていました。

　すでに紀元前千八百年頃には、政治、経済、宗教の中心地になっていました。

　今も人々の往来で賑うヘブロンから、西へ約二・五キロ程行くと、一本の老木を見ることができます。それは「アブラハムの樫の木」と呼ばれる木です。

　創世記は記しています。ある暑い日、アブラハムが天幕に座っていると、この木のかたわらに三人の天使が現われ、翌年、石女《うまずめ》の年老いた妻サラに子供が生まれる、という不思議な約束を告げました。（創世一八章）

　そして、生まれたのがイサクです。

　ネゲブの中心地「ベエルシバ」です。ベエルシバとは〝誓いの井戸〟あるいは〝七つの井戸〟という意味です。

　族長アブラハム、イサクが、このかたわらに天幕を張って、七つの井戸を掘ったと記されています。

　古代からのエジプトとカナンを結ぶ交易の要所として栄えました。

　この遺跡のあるところが、聖書時代のベエルシバです。

　現代のベエルシバは、砂漠の真ん中に美しい町並みを見せています。町の中にも「アブラハムの井戸」と言われている井戸があります。

マムレの樫の木　ヘブロンの町はずれにアブラハムは天幕を張り、旅人をもてなした。（右）

アブラハムの井戸　テルシェバで発見されたこの井戸は、深さが40メートルもある。（左）

ヘブロンの町　古い歴史を秘めた町。中央に見える大きな建物は、族長たちが眠るマクペラの洞窟である。

ヘブロン

ヘブロンはエルサレムから南へ三六キロ、標高九二六メートル、イスラエルの都市では最も高い場所に位置している。聖書時代から現代に至るまで栄え続けてきた数少ない町の一つで、またアブラハムが長く住んだゆかりの町でもある。

「キリアテ・アルバ（四つの町）」とは、ヘブロンに隣接するアネル、エシコル、マムレの町々を含めて「四つの町」と呼んだのだと思われる。

ユダヤの伝説では、この町にアダムとエバの墓があったという。そして、アブラハムとサラ、イサクとリベカ、ヤコブとレアの墓を含めると、合計四組の聖夫婦がこのヘブロンの町に眠っているところから、「四つの町」と呼ばれるようになったと伝えている。

「ヘブロン」とは〝親友〟という意味がある。

「ヘブロンはエジプトのゾアンよりも七年前に建てられたものである」（民数一三・二二）。エジプトのゾアンはヒクソス王朝の首都で、紀元前一七二〇年頃の町であるから、ヘブロンが建てられた年代もその頃であろう。

マムレの樫の木

日本語では「かしの木」とも「テレビンの木」とも訳されているアロン・エラは、力や強さを象徴するヘブライ語である。

今も樫の古木が残っている所は、アラブ人によって聖なる地と見なされている。創世記にも族長たちは、樫の木のある所を聖なる地と見なしていた様子が記されている。

この木は根元から切られても、ひこばえが生え出し、その生命を長らえる。苦難の歴史を潜《くぐ》り抜けてきたユダヤ民族を象徴するようだ（イザ六・一三）。

北ガリラヤ地方の所々に古い樫の木が残っている。ダンの遺跡にあった老木は数年前、落雷にあって焼けてしまい、今は空洞になった巨大な幹が横たわっている。

グッシュ・エツィオンの近くには、樹齢七百年の樫の木があり、他にも千五百年も経っているものもあると聞く。このマムレの樫の木も相当に古いものだ。

「木には望みがある。たとい切られてもまた芽をだし、その若芽は絶えることがない」

（ヨブ一四・七）

サラの信仰

アブラハムの妻サラは晩年にいたるまで石女《うまずめ》であった。当時の習慣としては奴隷女をめとってでも子供を生ませたという。しかし、アブラハムは妻を思いやってか何もしなかった。その時、サラの方から自分の下女ハガルを与えて、一族のために子供を得ようとする。しかし、女主人サラは、子供を宿したハガルから逆に見下げられるようになり、悪い結果を招いてしまった。

そのサラが救いを体験するのは、イサクを産むことを通してであった。

ある時、三人の主の使いたちが、マムレの樫の木の側にあったアブラハムの天幕を訪れて、年老いたサラに子が授けられることを告げるが、天幕の中にいたサラは信じられず、心のなかで笑ってしまう。しかし主の使いは「なぜサラは笑うのか、主にとって不可能なことがありましょうか」と言った。

その時、急にサラに畏《おそ》れの心が生じ、「いいえ、私は笑いません」と打ち消すが、「いや、あなたは笑った」と言われている（創世一八・一五）。

アブラハムに対しては、幾度も現れて黙示した神であったが、サラに直接語りかけたのは、この時が初めてであった。こうして彼女は聖なるものに触れる体験

ぎょりゅうの木　乾燥した気候に耐えるのでベエルシバの街路樹に用いられている。

を持ち、信仰が芽生えたのである。

これから後のサラは、信仰の婦人として大きく変貌してゆき、イサクを授けられて契約の民の母となったのである。

「信仰によって、サラもまた、年老いていたが、種を宿す力を与えられた。約束をなさったかたは真実であると、信じていたからである」

（ヘブ一一・一一）

ベエルシバ

「アブラハムは言った、『あなたはわたしの手からこれらの雌の小羊七頭を受け取って、わたしがこの井戸を掘ったことの証拠としてください』。これによってその所をベエルシバと名づけた」

（創世二一・三〇～三一）

「その日、イサクのしもべたちがきて、自分たちが掘った井戸について彼に告げて言った、『わたしたちは水を見つけました』。イサクはそれをシバと名づけた。これによってその町の名は今日にいたるまでベエルシバといわれている」

（創世二六・三二～三三）

ベエルとは「井戸」、シバとは「誓い」または「七」を意味する。ヘブライ語では、ベエルシェバと呼ぶ。

ベエルシェバは、ネゲブの荒野の中にあって、ヘブロンからエジプトに通ずる道路と、アラバから地中海沿岸に通ずる道路の、交差点に当る交通の要衝である。

聖書時代の遺跡が発見されたテル・ベエルシェバは、現在の町から東五キロほどにある。テルアビブ大学の考古学者アハロニ教授の指導で発掘され、城壁外に深さ四〇メートルの井戸も発見された。年代は紀元前十二世紀の士師時代のものと思われている。

ベエルシェバの歴史は、聖書時代からビザンチン時代に至るまでは栄えていたが、イスラム教徒の征服から二十世紀になるまでは荒廃して、人も住んでいなかった。わずかに隊商の木賃宿があるくらいであった。

現在の大きな街造りは、イスラエル国が独立してからである。それ以来、次々と多くのユダヤ人が入植し、現在では人口約十二万を数え、イスラエルの南の首都と呼ばれるほどに発展した。

工場、病院、大学まであり、遊牧民しか住めなかった荒野を開拓して、文化的な街にしたユダヤ人の国造りの情熱たぎる町である。

アブラハムは、ネゲブに住む民と契約を結んだ後、「ぎょりゅうの木」を植えて主の名を呼んだ。

このぎょりゅうの木は、乾燥した荒野でも根を深くおろし成長する木で、その木陰は、灼熱の太陽から身を守ってくれるため、羊飼いたちの遊牧生活を助けた。現代の街ベエルシェバの街路には、ほとんどこの木が植樹されている。

ベドウィン市　毎週木曜日に開かれるこの市場は、ベドウィンの民族衣装や食料品が並べられ、大勢の買い物客で活気にあふれている。

ネゲブの砂漠には、アブラハム時代とあまり変わらない生活を送っているベドウィンと呼ばれる遊牧民がいます。

ここでは今も毎週木曜日になると、市が開かれ、近郷近在の人たちで賑わいます。ネゲブと言えば、思い出すのはハガルの物語です。

水を一杯に満たした皮袋を背負わせて、アブラハムは女召使いハガルと、彼女との間に生まれたイシマエルを天幕から去らせます。ベエルシバの野をさまよった親子は、やがて皮袋の水も尽き、泣いていました。すると神の声が聞こえてきて、「私はイシマエルの泣く声を聞いた。なぜそんなに怖がるのか。その子から大いなる国が起こるというのに」。驚いて目を開けたハガルの前に、こんこんと水の湧き出る泉がありました。イシマエルは砂漠に住み、やがて弓矢をよくする勇者となりました。

（創世二一章）

そしてその子孫がアラビア人だと言われています。

ベドウィンの母と子　どんな荒野の奥にも住む人がいる。

ベドウィン

イスラエルには「ベドウィン（遊牧民）」と呼ばれるアラブ人が、荒野で遊牧生活を営んでいる。

彼らの生活は四千年前のアブラハム時代と同様で、住まいは天幕を張り、羊やらくだなどの家畜を主に飼育している。

最近のベドウィンは、イスラエル政府の援助などにより、遊牧から少しづつ農耕生活に移り、バラック小屋などを建てて、定着するベドウィンもいる。

現在、イスラエル国内のベドウィンの人口は約五万五千、そのうち南のネゲブ地方に住む人口は約四万一千を数え、ほとんどがベエルシェバ付近に滞在している。

遊牧民だといっても全く自由気ままな生活ではない。彼らの社会の中にも学校や病院などの施設や、裁判所などがあり、遊牧民特有の社会秩序が保たれている。

ハガルとイシマエル

ハガルは、エジプトでパロがサライを召し入れたとき、アブラハムに与えた女奴隷の一人だと、伝説は語っている。

ハガルはアブラハムの子を宿すや、女主人サラを見下げるようになり、逆に怒ったサラから苦しめられ、逃げ出してしまう。

彼女は、炎熱の荒野を歩き続け、疲れ果てて泉のほとりで一休みしていた。その時、主の使いが彼女の前に現われた。

ここは聖書の中で天使が最初に登場する場面である。天使はハガルに「あなたは女主人のもとに帰って、その手に身を任せなさい」と言う（創世一六・九）。この天使の言葉は苦しんでいるハガルにとって非情な命令のようであるが、これこそ聖書の信仰といえよう。苦

パン焼き

水を汲む羊飼いの少年

ベドウィン市《いち》

ベエルシェバには、常設の市場があって、野菜、果物、日用品等が狭い通路をはさんで、ビッシリと軒をつらねていて、イスラエル人やアラブ人、ベドウィンなどでいつもごったがえしている。

木曜日ごとのベドウィン市《いち》は、この常設市場から南に少し離れた広い空地に、大きなテントを張って開かれ、たくさんの店が立ち並ぶ。食料品から衣類、家具にいたるまで品数は豊富だった。興味を引くのは、ベドウィンの婦人たちが作った衣類や装飾品で、黒に赤や青の原色の糸で刺繍《ししゅう》した独特のデザインと色彩を楽しむことができる。

砂漠の中で、羊を追っている彼女たちが、驚くほど美しい衣装をまとっているのを見ると、「何のためにか」といつも考えてしまう。何もない砂漠では、人に見せるためでなく、自分で楽しむためのおしゃれかと思ったりするが、あるいは全財産をいつも身につける遊牧民の、生活上の必然から生まれたのかも知れない。

ベドウィンの生活

エルサレムの近くに住むベドウィンのテントを訪ねたことがある。

見知らぬ東洋人の私達が行っても、喜んで迎え入れて、お茶をご馳走してくれた。

それは、ナナというハッカのような香りの野草と砂糖を入れた甘い飲みものであった。注がれた小さなグラスを飲み終えると、すぐにおかわりを注いでくれる。渇き疲れた体には身に沁みる美味《おい》しさであった。

女性のテントは別に張られていて近寄ることが憚《はばか》られる。顔は目だけを出して黒いカズキで覆い、既婚の女性は顔に青い入れ墨をしている。写真に撮られることを極端に嫌い、むやみにカメラを向

しい日々の生活の中で、真の信仰の心を養うことを天使は教えたのではなかろうか。

さらに主の使いは、ハガルに「あなたは男の子を産むでしょう。名をイシマエルと名づけなさい。主があなたの苦しみを聞かれたのです。彼は野ろばのような人となり、その手はすべての人に逆らい、すべての人の手は彼に逆らい、彼はすべての兄弟に敵して住むでしょう」（創世一六・一一〜一二）と言った。

ユダヤ教の解釈によれば、「野ろば」は砂漠で逞《たくま》しく敏捷《びんしょう》で強い者の象徴であり、イシマエルが滅びの子ではなく、彼もまた強い一民族となる祝福の言葉だと言う。

そして現在のアラブ民族は、このイシマエルの末裔《まつえい》と言われる。

ベドウィン女性の素顔　顔の入れ墨は既婚のしるし。

けると、履物でもお盆でも手近にあるものを投げつけられてしまう。

ベドウィンには回教徒が多く、男性は一日に五回メッカに向かって祈る。どんな場所でも祈りを欠かさない熱心さには敬服してしまう。

水汲みは、女性の大切な日課だ。聖書時代に、ハガルが担いで荒野に出た皮袋は、今ではめったに見ることが出来ない。現代の便利な時代では、ほとんどがポリ容器になってしまっている。

ベドウィンのパン焼きも素朴だが、見あきることがない。固めにこねた小麦粉にわずかな塩味をつけ、一にぎり取って伸ばす。そして、空中で遠心力を働かせ、薄く広げながら、中華ナベを裏返したような鉄ナベの上で焼く。少しの燃料で、すぐ焼きあがり、食べると歯ごたえがあって大変美味しかった。

ベドウィンのテント　族長時代を偲ばせる簡素な天幕生活。

アブラハムがその子イサクを、神のいけにえに捧げようとした、モリヤの丘です。

この黄金に輝くモスクは、エルサレムを征服したオマルを記念して、紀元六九六年に建てられたものです。

ソロモンは、ここに神殿を建てました。また預言者マホメットが、ここから昇天したと言われている場所でもあります。

アブラハムはある日、神から、「息子イサクを燔祭《はんさい》に捧げよ」と命じられました。燔祭とは、いけにえの動物を火に焼いて、こうばしい香りを神に捧げる、古代の礼拝の仕方です。

アブラハムは、命じられたまま忠実に神の言葉を実行しようとします。その時、神はアブラハムの心を知ってその手を押しとどめました。これは、創世記の中の最も感動的な物語です。

主の使いは、再び天からアブラハムを呼んで、主の言葉を伝えました。

「わたしは自分をさして誓う。あなたがこの事をし、あなたの子、あなたのひとり子をも惜しまなかったので、わたしは大いにあなたを祝福し、大いにあなたの子孫をふやして、天の星のように、浜辺の砂のようにする。

あなたの子孫は敵の門を討ち取り、また地のもろもろの国民は、あなたの子孫によって祝福を得るであろう。あなたが、わたしの言

聖なる岩　岩のドームの内部。昔神殿があった頃はこの岩の上で燔祭が捧げられたという。

葉に従ったからである」。

（創世二二・一五～一九）

アブラハムの妻サラは、やがてヘブロンで死に、アブラハムは銀四〇〇シケルで土地を買い、そこにサラを葬りました。マクペラの洞窟がそれです。今、墓を覆ってモスクが建てられています。

（創世二三章）

ここにはアブラハム、イサク、ヤコブも葬られています。

これらの族長たちは、イスラム教徒からも尊敬をあつめています。

岩のドーム　アブラハムがイサクを捧げたモリヤの丘に立つ回教のモスク。

モザイク「イサクの燔祭」　キブツ・ヘフチバで発掘された紀元6世紀のシナゴーグの床。振り上げた刀を止める神の手。

イサクの燔祭

創世記二二章のアブラハムがそのひとり子イサクを神に捧げる物語は、旧約聖書の中でも最も大事な箇所としてユダヤ教徒のみならず、クリスチャンにも昔から読み続けられてきた。

アブラハムの生涯は、ここにおいてクライマックスを迎えることになる。神は彼を祝福して、「大いにあなたの子孫を増し、多くの民族の父とする」と約束していた（創世一七章）。しかし、約束の子イサクを燔祭に捧げよとの命令は、アブラハムにとって未来の希望を断ち切れ、というのに等しかった。イサクが生きていて、後を継いではじめて、神の約束の実現も可能となるのに、イサクを失っては元も子もなくなるからである。だが、その試みに対してアブラハムは神の命令に黙って従った。

新約聖書は次のように記している。

「信仰によって、アブラハムは、試練を受けたとき、イサクをささげた。すなわち、約束を受けていた彼が、そのひとり子をささげたのである。彼は、神が死人の中から人をよみがえらせる力がある、と信じていたのである。だから彼は、いわば、イサクを生きかえして渡されたわけである」（ヘブ一一・一七）

族長イサク

「あなたの妻サラはあなたに男の子を産むでしょう。名をイサクと名づけなさい。わたしは彼と契約を立てて、後の子孫のために永遠の契約としよう」（創世一七・一九）

聖書はイサクについての物語を、彼の父アブラハムや彼の子ヤコブのように多くは語っていない。

しかし、イサクの存在はユダヤ民族になくてはならないものとなった。それは、三人の族長たちの中でただ一人、選ばれたカナンの地を生涯離れることなく過ごしたからだ。カナンの地に、ききんがあった時も神の命令に従ったのである（創世二六・二）。

また父アブラハムがイサクを燔祭に捧げようとした時も、イサクは愛する者に絶対の信頼をおき黙って従ったと、ユダヤ教では解釈している。

神の目的は人間の燔祭ではなかった。神の命令に従順だったアブラハムとイサクの心を喜ばれ、彼らと永遠の契約を結んだと、聖書は説いている。

神への従順と献身――このイサクの信仰は、イスラエル民族の歴史を支える信仰となった。幾多の迫害、逆境をくぐり、近代ではナチスによる大虐殺を通りながら、ユダヤ人として信仰を保ち続け、イスラエル国を建国することができたのも、イサクのように黙って神の前に燔祭となっていく精神が、根底にあったからに違いない。

ユダヤ教の「キドゥーシュ・ハシェム」（神の御名を聖ならしめる）という言葉は殉教を意味する。神のゆえに、自分の生命をさしだしていった勇者や賢者が、ユダヤ民族の歴史には数多くいる。彼らによって、純粋に聖書の精神が守られてきたともいえよう。

古代の土地売買

アブラハムはヘブロンで死んだ妻サラを葬るためにヘテ人《びと》エフロンから土地を購入した。ヘテ人とは、ヒッタイト人種だといわれる。

この物語は古代オリエントの売買取引法にのっとって行なわれていることが、最近の研究で確かめられている。

最初にヘテ人エフロンは、アブラハムに土地をプレゼントしようとしたが、アブラハムはその好意を断わり、代価銀四百シケルを支払った（創世二三・一六）。

古代オリエントの法律では、与えられたものの所有

ヤコブの墓の前で祈る人々

アブラハムの墓前
タリートと呼ばれる祈禱布を着用して祈るユダヤ教徒。

権は使用者に移らないという。すなわち元の所有者の自由になるわけで、いつでも取り返すことができた。アブラハムは、それを知っていたので、民の前で正式に売買取引を行ない、土地の所有権を得たのである。

ヤコブも銀百枚でシケムの父ハモルの子から地所を買い取り、イスラエルの人々が、エジプトから携え上ったヨセフの骨もその地所の一部に葬られ、その子孫の嗣業《しぎょう》となった（ヨシ二四・三二）。

当時の国際貿易の通貨が銀であったことも、この物語の記述が史実に基いていることを示している。

マクペラの洞窟

マクペラの洞窟は現在、ヘブロンの町の中心にある。マクペラとは「二つの洞窟」の意味があり、アブラハムとサラ、イサクとリベカ、ヤコブとレア、それぞれの族長たちがカップルで埋葬されているので、「二つの洞窟」だともいう。

二千年前、ヘロデ王が洞窟の上に建てた墓の下層部の石が今も残っている。ヘロデ王が建てた墓はピラミッド型であったが、その後、現在の墓はイスラム教徒の長い征服の時代に会堂（モスク）として建て変えられたものである。

アブラハムが死んだとき、その子イサクとイシマエルは一緒にその父を葬った（創世二五・九）。今日でもこの建物の中で、信仰の父アブラハムから生まれた子孫ユダヤ人とアラブ人（イシマエルの子孫）が、外側の形式は違っても、唯一の神を礼拝している。

神域を眺める宗教家
至聖所に立ち入る罪を犯さないため、彼らは神域に近づかない。

岩のドーム

この黄金のドームは、正式には「岩のドーム」と呼ばれる回教寺院で、アブラハムがイサクを捧げたと言われるモリヤの丘の上に立っている。この丘の上に、ソロモンが最初の神殿を建てた。また、イエス・キリストの時代、神殿の至聖所に大祭司以外は入ることを禁じられていた。今でも正統派のユダヤ教徒は、この神域に足を踏み入れることをせず、遙かにオリブ山の頂上から眺めるのみである。

そして彼らは嘆きの壁で祈ることを最大の喜びとしている。

イスラム教の伝説では預言者マホメットがこの丘の岩から千々万々の天使を従え馬に乗って昇天したと言われ、この聖なる岩を保護するためにドームでおおったと伝えられる。

ドームの中は、ジュウタンを敷いた祈り場になっているため、観光客はこのドームに入る前に履物をぬぎ、持ち物も全部、外に置いて行かねばならない。もちろんカメラも許されない。

この内部の撮影許可を、ここを管理しているアラブ人の事務所に、五日間も通い続けて、ようやく手に入れることができた。

エルサレムが六日戦争後、統合されてからも、この神域が、イスラム教徒の自治にゆだねられていることを知った。

族長ヤコブ

アブラハムのあとを継いだ族長イサクには、エサウとヤコブという双子の兄弟がいました。イサクは兄のエサウを愛し、妻リベカは弟のヤコブを愛しました。

ヤコブは年老いた父イサクをだまして、エサウが受けとるはずの祝福を奪い取ってしまいました。

エサウの怒りを知り、ヤコブの身を案じた母は、ヤコブをハランの地に旅立たせました。そこは祖父アブラハムの、そして母の故郷でもありました。

ハランに向かう途中、ベテルでヤコブが石を枕に寝ていると、夢の中に天使が現われました。そして天使はヤコブにカナンの地をゆずることと、神の祝福を約束しました。ヤコブは眠りから覚めて言いました。

「まことに、主がこの所におられるのに、私は知らなかった。これは何と恐るべき所だろう。これは神の家である。これは天の門だ」。

（創世二八章）

ベテルとはヘブライ語で、〝神の家〟という意味で、祖父アブラハムも宿営したゆかりの

ベテルの山　石灰岩の断層は、ヤコブが夢に見た「天に至るはしご」を思い起こさせる。

地でもありました。

二十年間ハランにいたヤコブは、神の命ずるままに、増えた家族と家畜を連れて、再びカナンにもどってきます。

そして、ヤボク川を渡るとき、天使と相撲をとり、神と顔を見合わすという不思議な体験をしました。（創世三二章）

ヨルダン川の彼方に、もやにかすんでギレアデの山地が見えます。その切れ目がヤボク川です。

ヤコブは晩年、再びベテルに行って祭壇を築き、ヘブロンに向かいましたが、旅の途中、妻ラケルはベニヤミンを産むと難産のため死んでしまいました。

ヤコブは心から悲しみ、ラケルの死んだベツレヘムの近くに墓を建てました。（創世三五章）

イスラエルの人々は、ラケルを民の母として慕い、墓を訪ねる人が絶えません。

ラケルの墓は、ユダヤ民族の悲しみと希望の象徴です。

ラケルの墓　生命をかけてベニヤミンを産んだラケルを偲び、婦人たちは涙を流して祈る。

ヤコブと天のはしご

イサクの次の族長はヤコブである。

ヤコブの物語は、アブラハムに劣らず波瀾に富んだ生涯であった。創世記二五〜三五章に記されている。人間的に失敗の多いヤコブも、試練をくぐりつつ、神の祝福を得て、人格変貌してゆく物語は、信仰の激励の書として愛されている。

ヤコブは兄エサウをだまして、父イサクの祝福をうばい、兄の怒りを逃れて、祖父と母の故郷ハランへ旅立った。その途中、石を枕に身を横たえていると、天使がはしごを昇り降りする不思議な夢を見た。そして、神の祝福を受けた、と聖書は記している。ヤコブはその場所をベテル（神の家）と名づけた。

エルサレムから北に二〇キロほど行くと、エフライムという山地が広がる。石灰岩の断層が規則的に重なって山をなしている。それは、見上げるといかにもヤコブが夢にみた天のはしごのようである。

ベテル

「ヤコブはその所の名をベテル（神の家）と名づけた。その町の名は初めはルズと言った」

（創世二八・一九）

ルズという語は、「あめんどう（アーモンド）」の木を意味する。あめんどうの木は日本の梅の木のように、パレスチナにおいて、春一番に咲く花であるところから「目覚め」の象徴として親しまれてきた。

ヤコブは、このベテルで「天の門が開ける世界」に触れて心が目覚め、人格一変し、ハランに向けて新しい旅立ちをすることができた。聖書は「ルズ」という語をわざわざ入れてヤコブの生涯を変えた場所であることを強調したのであろうか。たしかに、ベテルはヤコブにとって特別に縁の深い土地であった。

ヤコブとラケルの出会い

聖書には結婚に至るいきさつがいくつか記されているが、おもしろいことに、カップルの出会いが、しばしば井戸端で起こっている。ヤコブとラケルの出会いも井戸で（創世二九・一〜一四）、モーセと祭司エテロの娘チッポラとの出会いも井戸であった（出エ二・一六〜二二）。水汲みは女性の仕事だったので、井戸端は年頃の娘たちの格好の集いの場所であった。そこに男がやって来て娘と見合い、気に入れば家族に知らせ、二人は結ばれるという慣習があったのかも知れない。

ベテルの遺跡（上）　ヤコブが「神の家」と呼んだ所に聖所が建てられた。これは十字軍の教会跡。

ラケルの墓　ベツレヘムの街道沿いに、今もイスラエルの子らを見守るように佇《たたず》んでいる。

ヤボク川

ヨルダン川は昔も今も、一つの国境の役を果たしてきたが、その東岸は現在ヨルダン王国、聖書時代にはギレアデの地と呼ばれて、聖書に頻繁に登場する。

ヤコブと天使の相撲《すもう》で有名なヤボク川は、ギレアデ山地から曲りくねって、死海から約四〇キロ北の地点で、ヨルダン川に合流している。イスラエル側から見ると、川そのものは見えないが、ギレアデの台地にくっきりとその渓谷が望見できる。後にも、

「あなたの名はヤコブである。しかしあなたの名をもはやヤコブと呼んではならない。あなたの名をイスラエルとしなさい」（創世三五・一〇）

ヤコブは十二部族の父祖となるまでに新生の体験をしたが、ベテルで、その後民族の名となる「イスラエル」という名が同時に与えられた。

イスラエルの語源は、一般に「神は支配し給う」の意味だといわれる。また伝承に従えば、「神は戦い給う」の意味で、ヤコブが自ら神と共に戦う戦士の自覚に立ち、不退転の信仰表明をした場所といってよいだろう。

この川は、出エジプト時代に登場するアモリ人の王シホンとバシャンの王オグの両国の境界となっていた（民数二一・二一〜三五）。ちなみに、ヤボクとはヘブライ語で「流れる」の意。現在アラビア語で「ナハル・エ・ゼルカ（青い川）」という。

ラケルの墓

ヤコブは旅の途中、妻ラケルに先立たれた。

ラケルが命を賭けて産んだベニヤミンの子孫から、イスラエルの最初の王サウルが生まれた。新約のパウロもベニヤミン族の出身であることを誇っている。

ラケルは、ヤコブと共にマクペラの洞窟に葬られず、独《ひと》りベツレヘム近くの道端に眠っている。ユダヤの伝説では、ラケルはここでイスラエル民族を見守っているのだという。

紀元前五八六年、ユダの民がこの墓前の道を通ってバビロニアへ連れ去られたという。

「嘆き悲しみ、いたく泣く声がラマで聞える。ラケルがその子らのために嘆くのである。子らがもはやいないので、彼女はその子らのことで慰められるのを願わない」（エレ三一・一五）

そしてエレミヤの預言のように、ラケルは、その子らのために嘆き、その嘆きを聞かれた神は、イスラエルの民を捕囚から帰還させたと信じられている。

美しくも哀れな伝説である。同時に、ユダヤ民族の希望の象徴でもあろう。どんな離散の運命からも、やがて神が救ってくれるという希望である。

帰還した民は、このラケルの墓前にきて感謝して泣いた。その時、ラケルは彼らを見て喜んだと伝えられる。今もこの墓に来て、祈り泣く婦人が絶えない。

恋なすび

砂漠以外のイスラエルで、いたるところに見られる植物である。葉は光沢のある大きな葉を幾重にも地面にひろげ、高くのびることはない。

三月頃紫色の花をたくさん付け、やがて緑色の実がつく。六月頃の乾季に枯れた葉をそっとかき分けてみると、黄色く熟れた実が何とも言えない甘い香りを漂わせている。

直径二センチ程の大きさだが、割って見ると、その甘い香りは、頭の芯《しん》に届くような強烈さである。媚薬《びやく》として珍重されたようである。

聖書には、ヤコブと妻ラケルの物語に「恋なすび」が登場している（創世三〇・一四）。

ヨセフ物語

ここドタンは今も緑の豊かな平原です。現在は遺跡しかありませんが、ドタンは古くからキャラバンの往き交う町として栄えていました。

ヤコブには十二人の子供がいました。しかしヤコブは、十一番目の子ヨセフを最も愛していました。それを妬《ねた》んだ兄たちは、ここドタンの地で、ヨセフを殺そうとして、彼を穴の中に投げこみました。その穴は、水ため用の穴だったと思われます。

兄たちは、ヨセフを穴に投げこんだものの、思いなおして、彼をエジプトに向かうイシマエルびとの商人たちに売り渡してしまいました。

（創世三七章）

エジプトに売られたヨセフは賢く、その知恵と魅力ある人柄で、エジプト王パロに愛され、宰相として国を治めるようになりました。

ヨセフは夢見る者といわれ、夢を解く力を神から授かっていました。

一方、カナンに住むヤコブの子らは、食料を求めてエジプトに来ました。そして自分たちが捨てたヨセフに会い、しかも彼の情けで救われるという数奇な運命に驚くのでした。

こうして、ヤコブの一族はエジプトに安住の地を見出します。

ヨセフは、イスラエルの民が必ず父祖の地カナンに帰るという予言を残して、エジプトで死にます。

エジプトの麦ふるい　ナイル川の河口にできたデルタは、昔も今も豊かな穀倉地帯である。

ドタン平原とヨセフの井戸
テル・ドタンの中腹に岩盤をくり抜いた古代の貯水槽がある。

ドタン

ヤコブの子ヨセフは、兄弟たちから憎まれ、ドタンの地で殺されそうになるところから、数奇な運命が展開する。創世記は三七章から最後の五〇章までヨセフの物語にささげている。

これは聖書の中でも長編で、ロマンと冒険、信仰と人間愛にみちた美しい大叙事詩と言えよう。神の不思議な計画が、人間ドラマの背後に見え隠れして、古来よりこれを読む人は、その信仰の教えと摂理に誰もが感動した。

ドタンは、北のダマスコと南のエジプトを結ぶ隊商街道に沿ってあった。テル・ドタンの遺跡の発掘から、そこが紀元前三千年頃から紀元三百年頃まで、有力な要害の町であったことが実証された。

付近には泉が多く、ドタン平原は現在も好適の牧畜地で、また小麦、オリーブ、ブドウの栽培も盛んである。

ゴセンの地

奴隷に売られたヨセフは、エジプトにおいてやがて宰相の位につき、ヤコブ一族を救うことになるが、故郷にいる父ヤコブにこんな言葉を伝言している。

「あなたはゴセンの地に住み、あなたも、あなたの子らも、孫たちも、羊も牛も、その他のものもみな、わたしの近くにおらせます」（創世四五・一〇）

聖書の「ゴセンの地」はナイル川河口のデルタ地帯にあたる。ゴセンとは雨の意で七十人訳聖書でも「アラビアの雨の地」と訳されている。この地帯は、雨の少ないこの国においては、比較的雨量に恵まれた地域である。

カナンの飢饉を逃れて、イスラエル民族はエジプトに移住したが、聖書ではその地を「エジプトの国で最も良い地、ラメセスの地」（創世四七・一一）と記し、家畜を放牧するための牧草に富んだ地であったと伝えている。

ヤコブの祝福（創世四九章）

創世記の最後はヤコブの祝福で飾られている。ヤコブは十二人の子たちに、それぞれ祝福を授けた。また後の時代のモーセも、死の前に同じような祝福をそれぞれの十二部族に授けている（申命三三章）。

この祝福は十二部族にやがて起こる運命の預言でもあった。その中で、ヤコブはユダに特別の祝福を与えている。「ユダよ、兄弟たちはあなたをほめる」（創世四九・八）との予告のように、カナン定着時代においてヨシュアの死後、ユダ族がその主導権を握り、のちにダビデ王を生み、ユダ王国となって繁栄した。

北の十部族はアッシリアの捕囚で同化して消えてしまったが、ユダ族とベニヤミン族だけは、バビロニア捕囚から帰還し、その後のイスラエル人は「ユダの人々（ユダヤ人）」と呼ばれるようになった。

ヤコブがユダに授けた祝福が、四千年間を貫いて、現在のユダヤの発展へと導いたのではなかろうか。

天使と相撲をとるヤコブ　大統領官邸にあるステンドグラス。

三章　出エジプトの時代

エジプトの苦役

　やがて時代は進み、エジプトに住むイスラエルの民は次第に数も増え、力も強くなって来ました。それを恐れたパロは、彼らを迫害し、奴隷として使役するようになりました。レンガ作りも、そんな苦役の一つでした。

　このイスラエルの民が、預言者モーセに率いられてエジプトから逃れ出るのが、出エジプト記です。

　エジプト第十九王朝、パロは名高いラメセスの時代でした。

　ヘブル人《びと》の子だったモーセは、不思議な巡り合わせで、パロの娘によって宮廷で育てられました。

　モーセは若者になったある日、エジプトの役人に鞭《むち》打たれている同胞を見て、思わずその役人を打ち殺してしまいました。

　しかし、パロの怒りを恐れたモーセはミデアンの野に逃れ、羊飼いに身をおとして、そこに住みます。

　そして、ホレブの山に上ったモーセは不思議な光景に出会います。茂った茨《いばら》が炎につつまれ、しかも焼けもせず、立っていました。近寄って、もっとよく見ようと思ったとき、茨の中から声が湧き起こってきました。

「ここに近づいてはいけない。足からくつを脱ぎなさい。あなたが立っているその場所は、聖なる地だからである」。

　そして、神はイスラエルの民をエジプトから救い出して〝乳と蜜の流れる地〟に導くことを約束しました。

　そのために、神はモーセを召し出されたのでした。

　こうして、イスラエルの民はモーセに率いられてエジプトを出ますが、約束の地カナンに入るまで、四十年間を荒野《あらの》で過ごしたと言われています。

エジプトのピラミッド　パロの絶大な権力の象徴、10万の奴隷が10年間働かされたという。

ラメセス２世像と足台のレリーフ（左）数珠つなぎにされた奴隷が描かれている。

聖書のエジプト

聖書では、エジプトの他の呼び名として「奴隷の家」（出エ一三・三）、「鉄の炉」（申命四・二〇）などがあるが、エジプトを決して否定的には記していない。「エジプトびとを憎んではならない。あなたがたはかつてその国の寄留者であったからである」（申命二三・七）とあり、後のイザヤ、エレミヤ、エゼキエルの、異邦についての預言にも、エジプトを憎んだ言葉は見あたらない。その預言者たちが抵抗したのは、イスラエルがエジプトと条約を結び、神ならぬエジプトに救いを求める不信仰に対してであった。

「助けを得るためにエジプトに下り、馬にたよる者はわざわいだ」（イザ三一・一）

ただし、エゼキエルはエジプトの王パロに対して彼の傲慢な心を非難し、「あなたはイスラエルの家に対して葦《あし》のつえであった」（エゼ二九・六）と言い、エジプトの未来の運命が衰退することをも預言している。

ナイル川のパピルス　赤子のモーセはパピルスで編んだかごに入れられてナイル川に流された。

モーセ

「彼女はその名をモーセと名づけて言った、『水の中からわたしが引き出したからです』」

（出エ二・一〇）

「モーセ」とは当時のエジプト語で「水から救う」という意味を表わす。

モーセはエジプトからイスラエル民族を救い出すという民族の歴史の中で最も重要な使命を果たした。そして、四十年間、荒野で民の指導をしたのである。

旧約聖書には多くの預言者が登場するが、その最初の預言者はモーセであった。そしてイスラエル民族の信仰の基礎を築いたのも彼であった。

旧約聖書の最も大事な五書（トーラー）は別名「モーセの教え」とも呼ばれる。モーセによって書き綴られたと信じられるほど、モーセのユダヤ教史上の位置は高い。神と民の契約がモーセによって更新せられ、新しい宗教史の一頁は開かれたのである。

ユダヤ伝承によれば、イスラエル人は何代にもわたるエジプトの長い生活の中で彼らの神の名を忘れてしまった。アブラハム、イサク、ヤコブの神の存在は知っていたが、当時、何も書き記されたものもなく、民は神の名を覚えておらず、代わりに古代のオリエントの神々の名を自分たちの神の名として呼んでいたという。そこにモーセは大きな宗教覚醒をおこし、民族を一つの神「ヤーヴェ」に導いたのであった。

日干しレンガ作り

シナイ半島からスエズ運河のトンネルを潜って、スエズ市に向かう途中で、泥でレンガを作る人たちに出会った。草一本生えていない、だだっ広い平地で、乾いた土に水を掛けながら、スコップや鍬《くわ》でこねている。わらを入れるわけでもないし、漆喰《しっくい》を加えるわけでもない、ただ水を加えて、板で作った枠組の中に入れて型をとるだけ。あとは天日で乾燥させるだけの簡単なものだった。

振り返って、なつめやし林の中の人家を見ると、この日干しレンガを積み上げただけで作られている。雨の少ない地帯だけに通用するレンガである。

カイロ付近のナイル川沿いには、焼きレンガ工場が数多くならんでいた。これは都会の高層アパートや、工場などの建材に用いられている。

小さな民家は、やはり日干しレンガで出来ているのが多いのに気づく。

ラメセス二世の像

朝日の当たるラメセス二世像を撮影したいと思い、始発の飛行機に乗ってアスワン空港を飛び立ち、アブシンベル神殿に向かった。

アスワンハイダムの建造で湖底に沈もうとするこの神殿を、ユネスコが全世界に呼びかけて、近くの高台に石を切り刻んで、そっくり移動して救ったという話は、小学生の頃、ユネスコに何十円かを拠出したことから記憶している。

その巨大さに圧倒される思いで、撮影しながら、次第に近づいた。ふとラメセス二世像の台座を見て驚いた。何とそこに描かれているのはロープで数珠繋《つな》ぎにされた奴隷のレリーフではないか。その奴隷たちの顔はヌビア人であり、黒人であり、また明らかにセム民族と思われる人種のものがあり、それらが見事に描き分けられている。まさに出エジプト前のユダヤの民が、このラメセス二世の並み外れた権力欲のもとに、巨大な建造物の作業に駆り立てられた姿そのものではないか。

この強大な王権の手から、奴隷を解放しカナンまで導き出したモーセの信仰に改めて賛嘆せずにはおられなかった。

「わたしは主である。わたしはあなたがたをエジプトびとの労役の下から導き出し、奴隷の務《つとめ》から救い、また伸べた腕と大いなるさばきをもって、あなたがたをあがなうであろう」

（出エ六・六）

日干しレンガ作り　雨の少ないエジプトでは、昔も今もこれが建築材料である。

奴隷　イスラエルの民は苦役のゆえに神に叫んだ。

ラメセス2世　モーセの要求を拒み続けたパロはアブシンベル神殿にまつられた王だという。

鞭を振るう者（カルナック大神殿）

ミデアンの野

モーセはパロの手を逃れてミデアンの地へ行った。そしてミデアン人《びと》の祭司エテロの家にかくまわれ、その娘チッポラと結婚し、羊飼いとなった。

どうして羊飼いのモーセが神に選ばれたのか、ユダヤの伝説は次のように語っている。

ある日モーセがエテロの羊を飼っていたとき、一匹の小羊が群れから逃げだした。山を越えて探し回っていたモーセは泉のほとりで水を飲んでいる小羊を見つけて言った、「かわいそうに、そんなに渇いているとは知らなかった。さあ母親の所に帰ろう」。その様子を見守っていた神は、「他人の羊でさえ、こんなに大切に導くのなら、私の羊、イスラエルの民もこのモーセに任せよう」と出エジプトの大使命を彼に託された。

ミデアンの野（左）　エジプトから逃れたモーセは40年間この荒野の中で神と対座していた。

シナイ山と羊（左下）モーセは羊を追って荒野の奥にやってきた。

シナイ山（ラース・サフサファ）

シナイ山の羊飼いと燃える柴

うねるような花崗岩が山脈《やまなみ》をなしているシナイ山頂の撮影を終えて、あまり日射しが強くならない内に下山しようと、再び重い機材をリュックに納めて歩き始める。

八合目あたりの岩のごろごろした山肌に、羊と山羊の群れが動いているのが見えて来て、びっくりしてしまった。こんな山の上で、まともな草も生えていないのにどうやって羊を飼うことが出来るのだろうかと思う。

ふと見ると、頭から黒い布をかぶった少女が二人、羊を追っている。モーセも罪に苦しみながら、ここで羊の群れを飼っていたのだろうか。「その群れを荒野の奥に導いて神の山ホレブに来た」とある通りの光景をこの羊たちの群れに見る思いがして、急いでカメラを取り出し、シャッターを切った。例によって少女は素早く岩陰に身をかくし被写体になることを拒絶した。

燃える柴《しば》についても、いろいろな説がある。野いちごの実が真っ赤に色づいたのが、光を受けて燃えるように見えたという説。セントカテリーナ寺院の中庭には、この野いちごが栽培されている。あるいは、背の低いトゲが一杯についた茨に赤い実がなるが、これだとも言われている。ここで植物の種類を詮索しなくても、神が顕現された霊的現象として、素直に受け入れておこう。

ビデオの映像はシナイ山頂の岩間に小さく生えていた灌木《かん》を撮った。

荒野の旅

出エジプトの道順は、歴史的にはっきりと実証することは出来ません。いろいろな説がありますが、北方説もその一つです。

「神は紅海に沿う荒野の道に民を巡らせた」と聖書は記しています。

この紅海とは〝葦《あし》の海〟というのが語源ですが、それがどこを指すのか分かりません。バルダビル湖の彼方に見える砂洲《さす》がその道だ、というのが北方説の根拠です。

現在のエル・アリッシュのオアシスです。昔、北の道を通ったとすれば、モーセとイスラエルの民は、ここで一休みしたのかも知れません。

出エジプトのもう一つの説は南方説です。紀元四世紀以来、最も有力な説として信じられています。

モーセが紅海を二つに割《さ》いたという所は、今スエズ運河になっています。

メラ。現在のアイン・ムーサ、「モーセの泉」です。

ここで、モーセは苦くて飲めない水を、飲める水に変えたと言われています。

バルダビル湖　ナイル川が運ぶ土砂は地中海に洲を作り、紅海を渡った故事を想起させる。

エル・アリッシュ　北シナイ最大のオアシス。なつめやしと白い砂、青い空と海が美しい。

エリム。一行は、このあたりに宿営しました。

十二の泉と七十本のなつめやしがあったということです。

何もない荒野《あらの》を進んだイスラエルの民は、エジプトの肉鍋を思い出して、モーセに不満をつぶやくのでした。

「われわれを荒野で餓死《うえじ》にさせようというのか」

この時から、うずらとマナが降ったと聖書は記しています。

ジェベル・セルバール。

古くからシナイ山と見られてきた山の一つです。いかにも神秘的な姿をしています。

レピデム。現在のワジ・ヒラン。ここでもモーセは、岩を打って水を出しました。また、砂漠の民アマレク人とオアシス争奪をめぐって激しい戦いをした所です。

スエズ運河　モーセが渡った葦の海はどこなのか、運河が開通して地形も変わった。

メラ　この地の苦い水をモーセは飲み水に変えた。

メラ

イスラエル民族が紅海を渡り終えて三日目、最初に宿営した場所。

「彼らはメラに着いたが、メラの水は苦くて飲むことができなかった。民はモーセにつぶやいて言った、『わたしたちは何を飲むのですか』。モーセは主に叫んだ。主は彼に一本の木を示されたので、それを水に投げ入れると、水は甘くなった」(出エ一五・二三～二四)

メラとは元来ヘブライ語で「苦い」という意味を表わす。三世紀のユダヤの賢者たちは、モーセが水に投げ入れた一本の木が、何の木であったか討論している。ある者は「やなぎの木」、ある者は「オリーブの木」、また「セイヨウキョウチクトウの木」、「杉の木」、「いちじくの木の根とざくろの木の根」など古代において、水を甘くするのに使われたいろいろな木の名前をあげている。

エジプトを出たイスラエルの民は、このように飲み水がある所を宿営地にして困難な旅路を進めた。(民数三三章)

また、メラでのもう一つの出来事は「主は民のために定めとおきてを立てられ、彼らを試みた」(出エ一五・二五)とあるが、賢者たちの伝説では、このメラで十戒、あるいは他の律法が与えられたとし、聖なる場所の一つに数えている。

エリム　ここには泉12となつめやし70本があった。
今も聖書の記述さながらの風景である。

レピデム（次ページ）シナイの真珠と言われる最も美しいオアシス。アマレク人と戦った古戦場。

シンの荒野　果てしない荒野の中、イスラエルの民は、昼は雲の柱、夜は火の柱に導かれた。

エリムの水　澄んだ湧き水が砂地の上を静かに流れる。

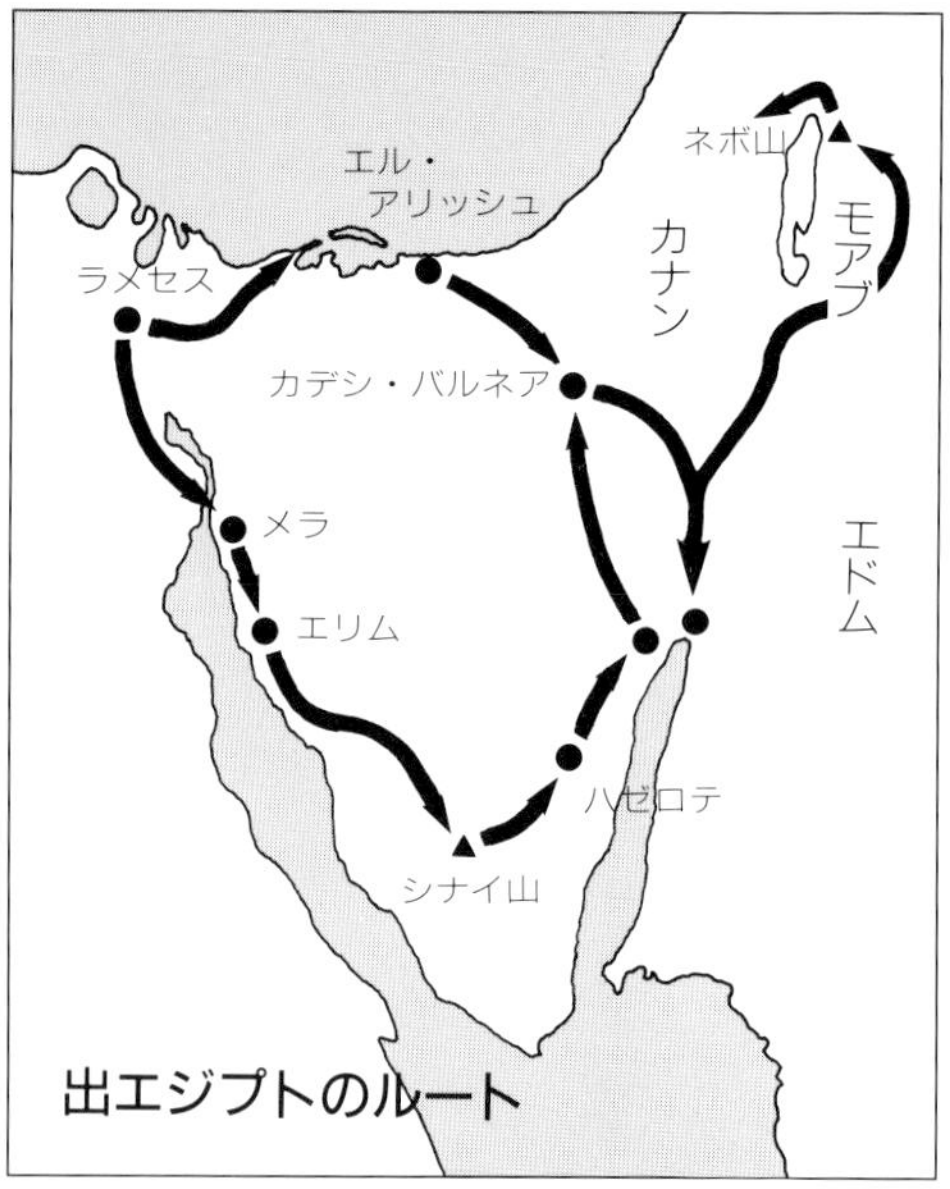

出エジプトのルート

シナイ半島を探訪して

出エジプト北方説

シナイ半島の北端、地中海に接する海岸線は、白い砂丘が延々と続く美しい地帯である。海から吹きよせる強風で道路は、しばしば砂におおわれて通行不能となる。

　出エジプトの北方ルート説を裏付けるものに、バルダビル湖が形作る沖合数十キロに及ぶ細長い砂州がある。

　ヘリコプターを飛ばせば一番よく分かるのだが、エジプトに返還されてしまったので、それも困難である。これが見渡せる高い所を探すのが、一苦労であった。海岸への道は幾本かあるが、なかなかうまい具合に良い所に出ない。何度か試みてやっと砂丘の上から見渡せる場所にたどり着くことが出来た。そこから先は砂に埋もれて道がない。砂混じりの強風が吹きつける中、カメラに砂が入らぬように苦労しながらの撮影であった。

　この砂丘にもベドウィン族が生活している。出エジプトの時に住んだ仮庵《かりいお》と変わらぬ家に今も住んで、羊やラクダ、鶏を飼って生活している人達である。なつめやしの葉や砂漠に生える柴《しば》で周囲に垣根を作り、中にテントを張っている家が多い。木の枝だけで作った家もある。エジプト政府の援助で、この砂漠地帯を横切る道には数キロごとに大きな水槽が設置されていて、女たちはラクダやロバにポリ容器を乗せて水汲みに来ている。

　この北方ルート説は、エジプトからカデシ・バルネアに向かう最短コースである。しかしこの砂の中を歩くことは大変困難なことだ。食物の中にも砂が混じり込む。はたして、ここを実際にイスラエルの民が通ることが出来たかどうか。

　風景としてはシナイ半島の中でも、南方の峨々《がが》たる岩山ばかりの所にくらべて、優美な砂丘が美しく印象深いコースではあるが。

　エル・アリッシュの海岸線に沿ったなつめやしの林は美しい。エジプトは、ここをリゾート地とすべく開発に力を入れている。

出エジプト南方説

「モーセが手を海の上にさし伸べたので、主は夜もすがら強い東風をもって海を退かせ、海を陸地とされ水は分れた。

　イスラエルの人々は海の中の乾いた地を行ったが、水は彼らの右と左にかきとなった」

（出エ一四・二一～二二）

　この紅海を渡った場所は、現在のスエズ運河になっている所のどこかとされているが、もともとこの場所は湿地帯で、葦《あし》が茂る所であったという。

　とすると、紅海は原語で「葦の海」であるから、南方説の方が有力というべきか。ただし、今では運河のためにすっかり様子が変わり、その面影を偲ぶ所は、運河の北方に、葦の茂る湿地帯が少しあるだけである。

　スエズ市付近でそのような場所を探している時、道路に吹きたまった砂に車が入り込んで動けなくなってしまった。ジープでないと危険な旅である。暑い日射しのなか、車輪の下の砂をかき出す作業は大変であった。

メラとエリム

　現在、アイン・ムーサ（モーセの泉）と呼ばれている所が、メラであろうと言われる。

　そこはスエズ市からスエズ運河を潜って、シナイ半島に入るトンネルを出てから約十キロ程南下した所にある、なつめやしの林が茂った場所だった。近年まで

ベドウィンの子供（上） 人なつっこい土地の子供がどこまでもついて来て愛らしい。

ジェベル・セルバール（右） モーセが十戒を授かった山ではないかとも言われる神秘な山なみ。

水汲み（前ページ） 水槽タンクに水を汲みに来たベドウィンの婦人。

この林の中に池があったそうだが、今は水が涸れてしまっている。だがこの南側に沼地があって、小鳥やトンボが飛びかっていた。水をなめてみたが、苦くはなかった。

アイン・ムーサから約八〇キロ南下した所にあるワジ・ガランデルが二番目の宿営地エリムとされている。荒涼たる荒野の中に、ワジ（水無川）が五〇〇メートル程の幅で東西に走り、その中に青々と茂ったなつめやしの林がまばらに生えている。その間にベドウィンたちの小さなスカ（仮庵《かりいお》）が点在している。

「こうして彼らはエリムに着いた。そこには水の泉十二と、なつめやしの木七十本があった。その所で彼らは水のほとりに宿営した」（出エ一五・二七）

と聖書にある、まさにその記述さながらの光景が眼前にひろがっていた。

村を見おろしつつ撮影していると、男たちがあちこちから我々を見つけて集ってきた。ヘブライ語で親しげに語りかけて来るので驚いた。家に寄ってお茶を飲んでゆけと熱心に誘うので、少しの時間お茶をいただくことにした。トタンの波板で作られた家の外、なつめやしの葉で作った日除けの下に腰をおろし、彼らの話を聞く。

シナイ半島をイスラエルが統治していた時は、テルアビブまで働きに行き、生活も楽であった。エジプトになってからの苦しさを肩をすぼめ両手をひろげて語り続けた。道理でヘブライ語がうまく話せるわけである。

ジェベル・セルバール

ワジ・ヒランの入口あたりから内陸部に横たわって見えてくる山々は現在「ジェベル・セルバール」と呼ばれ、モーセが十戒を授かったシナイ山ではないかという説もある。エジプトから砂漠の旅を続けてきて、眼前にそそり立つこの山を見上げたとき、確かにそう思わせる神秘な雰囲気がある。その手前には広大な平原が南北にどこまでも広がり、羊飼いやラクダの群れが、あちこちにいて、これが本当のミデアンの野ではないかとも思った。

ここから、シナイ半島の最南端まで一四〇キロも続く大平原を一直線の舗装道路が走っていて、思いきり車を飛ばせる快適な道であった。

レピデム（ワジ・ヒラン）

シナイ半島で最も美しいオアシス、〝シナイの真珠〟と言われる場所である。

水がなくて民がモーセと争った所。そしてモーセが主の命ずるままに岩を打って水を出した場所である。また、ヨシュアがアマレク人とオアシス争奪戦をくりひろげ、その時、丘の上に立ったモーセが手を上げていると勝ち、下げると負けそうになった。それでアロンとホルはモーセの手を日没まで支えていた。この時の勝利を記念として書物に記せよ、と主はモーセに言われた（出エ一七章）。

このモーセが立ったと言われる丘のふもとには修道院が立っていて、アラビア人の神父さんがいた。このあたりから、シナイ山に向かう谷間の道の両側になつめやしの林が二キロほど続いて、谷の上にはジェベル・セルバールが威厳のある山容をのぞかせている。ベドウィンの人々はこの林の中に山羊や羊を飼って平和に暮らしている。

オアシスを一望するため、壊れた修道院跡の丘に上って三脚をすえた。一人の男の子がどこまでもついてきて岩の上に座った。可愛い笑顔を一カット撮る。

ここから東南に向かってワジの中を約四十キロ走ると、いよいよシナイ山である。

シナイ山頂の夜明け

レピデムを出たモーセの一行は、シナイの荒野に入り、天幕を張りました。

そしてモーセは、シナイ山において、十戒を授かるのでした。

その時、雷鳴がとどろき、火と煙が全山をおおって、神が顕現したと言われています。

「我は汝の神エホバ、汝をエジプトの地、その奴隷たる家より導き出せしものなり。汝、わが面《かお》の前に我のほか、なにものをも神とすべからず」

この言葉で始まる十戒は、以後のユダヤ民族、いや全人類の歴史に大きな影響を与えました。

ジェベル・ムーサ「モーセの山」いわゆるシナイ山です。

山のふもとに在るセント・カテリーナ修道院は、世界で最も古く、完全な形で残っている修道院の一つと言われています。

この修道院が一躍世界的に有名になったのは、一八四四年に院内からシナイ写本が発見されたからでした。

原本は現在、大英博物館にあります。この貴重な発見は、聖書本文の研究に、はかり知れない大きな影響を与えました。

セント・カテリーナ　シナイ山のふもとにあるこの修道院は高い城壁で囲まれている。

シナイ山頂のチャペル

シナイ山

「出エジプトしたイスラエルの民は三ヵ月目にシナイの荒野に入り、シナイ山のふもとに宿営した」

（出エ一九章）

さて、シナイ山がどこか、学問的に正確には分からない。四世紀以後のキリスト教徒の伝説によれば、シナイ半島の南部にあるジェベル・ムーサ（アラビア語〝モーセの山〟の意）がそれだという。標高二二七三メートル、花崗岩の荒々しい山々が続いて、人を寄せつけない形相である。山頂には小さなチャペルが立っている。

モーセが羊を飼いつつ神の顕現に接したという「ホレブ」の山、のちに預言者エリアが亡命した神の山ホレブは、同じシナイ山をさすものと思われる。

また、「パランの山」（ハバ三・三）とも呼ばれた。

シナイ契約

さて、このシナイ山における出来事は、聖書を通してその後の人類に大きな影響を及ぼすことになるが、それは十戒をはじめとする律法を授けられたイスラエルの民が、神と契約を結ぶという画期的な事件である。

その契約は「イスラエルが主に対して祭司の国となり、聖なる民となるように」（出エ一九・六）との神の勧めを前提にして、成り立ったものである。

世界の諸民族の間で、神に奉仕する民という意味での「選民」意識がここから生まれるわけだが、このシナイ山での契約から分かるとおり、ユダヤ人は自分の民族が優越しているとは決して思っていない。奴隷であったものが救い出されたゆえに、その神の愛に応え、「神の民」となって仕えることを選んだという信仰がその意識の根底にあったのである。

シナイ以来、イスラエルの民を通して、神の声は人類の歴史に永遠にこだましている。

十　戒（出エジプト記二〇章から）

わたしはあなたの神、主であって、あなたをエジプトの地、奴隷の家から導き出した者である。

一、あなたはわたしのほかに、なにものをも神としてはならない。

二、あなたは自分のために、刻んだ像を造ってはならない。

三、あなたは、あなたの神、主の名をみだりに唱えてはならない。

四、安息日を覚えて、これを聖とせよ。

五、あなたの父と母を敬え。

六、あなたは殺してはならない。

七、あなたは姦淫してはならない。

八、あなたは盗んではならない。

九、あなたは隣人について、偽証してはならない。

十、あなたは隣人の家をむさぼってはならない。

カテリーナ修道院　５世紀に建てられたこの修道院には、今もギリシア正教の修道士がいる。

カテリーナ修道院

〝カテリーナ〟とは、四世紀のはじめエジプトのアレキサンドリアで殉教したクリスチャンの乙女の名。その乙女カテリーナの遺体が天使に運ばれてきて、シナイ山の頂上に埋葬されたという伝説のもとに、多くの修道士がやって来て荒野の中に共同生活を始めたといわれる。

現在の城壁をもった修道院は、五三〇年ユスティニアヌス大帝によって建てられたものである。その建築の際、ルーマニアから連れて来られた数百人余りの労働者は、そのままそこに住みついた。シナイ山のベドウィンの中には彼らの子孫も混じっているという。それゆえか、この付近に来ると、ヨーロッパ的な顔つきの原住民が見うけられる。

シナイ砂漠の、物資や水の乏しくきびしい環境の中で、多くのキリスト教徒が祈りと苦業に励んでいた昔を偲ばせてくれる所である。

シナイ写本

聖書の世界を語るとき、聖書の写本の探究物語にもふれなければ片手落ちになるだろう。

聖書に培われたヨーロッパの人たちは、近代に至って地理上の探検と同様に、聖書本文を正しく伝える写本や文献を探しまわった。十九世紀以来の考古学者の熱情も、聖書や古代への憧れに火をつけられたといってもよい。

シナイ写本の発見もそんな流れの中で、最も価値ある発見の一つである。十九世紀の中頃、当時の新進気鋭の聖書学者ティシェンドルフが、文明の世界から遠く離れたシナイ山のふもとの一修道院で、捨てられる運命の羊皮紙の一束を見出した。それがギリシア語の大文字で書かれた旧新約聖書であった。このシナイ写本には、それが大英博物館に所蔵されるまで、波瀾万丈のエピソードがある。

四世紀頃の作で、旧約の多くと新約の全部を含んでおり、特に新約の本文校訂の重要な資料である。

なお、この修道院の古代図書館には三千四百種の古代ギリシア語、シリア語、アラビア語、コプト語、エチオピア語などの貴重な写本も収蔵されている。

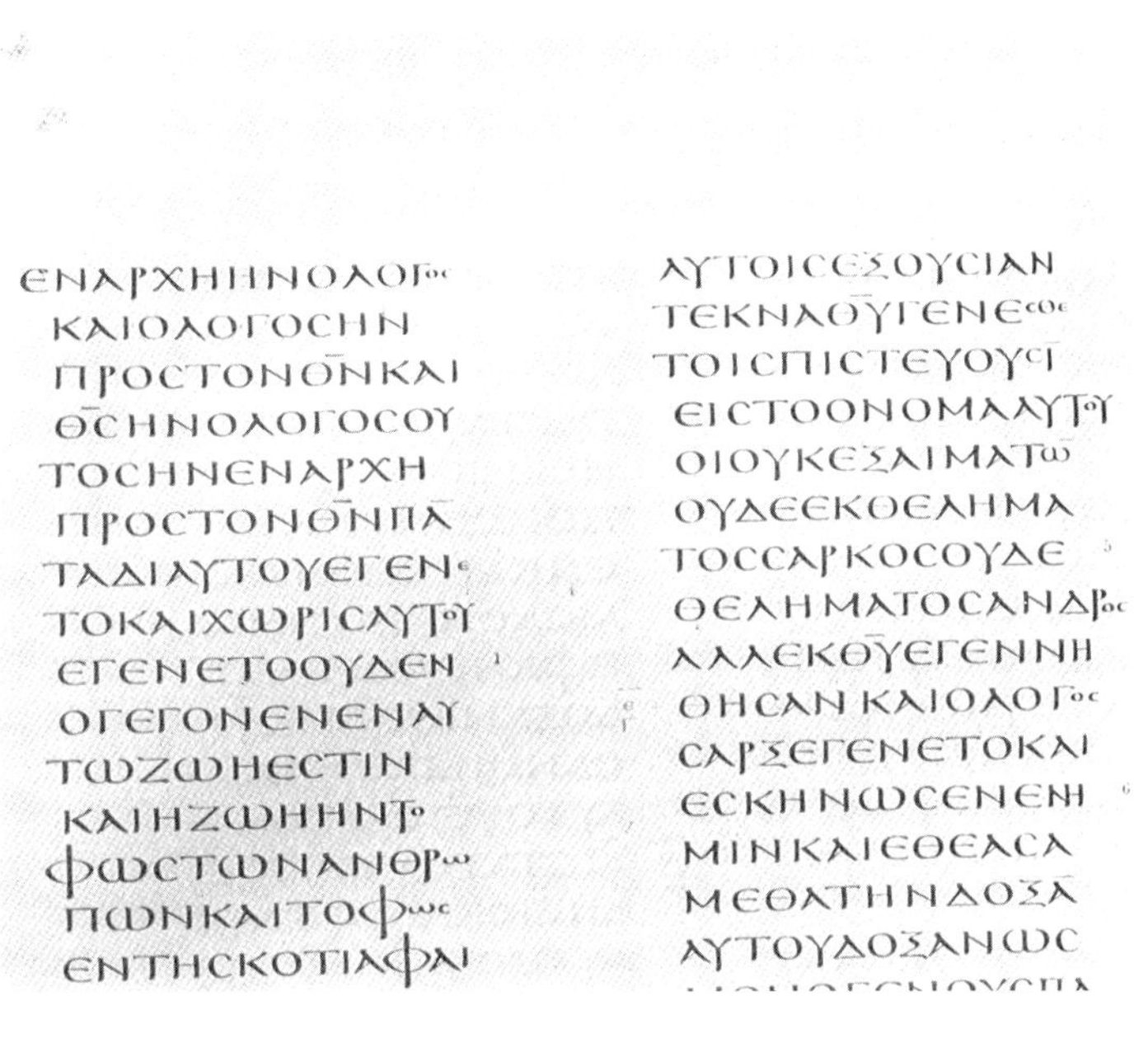
ΕΝΑΡΧΗΗΝΟΛΟΓΟC
ΚΑΙΟΛΟΓΟCΗΝ
ΠΡΟCΤΟΝΘ̄ΝΚΑΙ
Θ̄CΗΝΟΛΟΓΟCΟΥ
ΤΟCΗΝΕΝΑΡΧΗ
ΠΡΟCΤΟΝΘ̄ΝΠᾹ
ΤΑΔΙΑΥΤΟΥΕΓΕΝΕ
ΤΟΚΑΙΧΩΡΙCΑΥΤΟΥ
ΕΓΕΝΕΤΟΟΥΔΕΝ
ΟΓΕΓΟΝΕΝΕΝΑΥ
ΤΩΖΩΗΕCΤΙΝ
ΚΑΙΗΖΩΗΗΝΤΟ
ΦΩCΤΩΝΑΝΘΡΩ
ΠΩΝΚΑΙΤΟΦΩC
ΕΝΤΗCΚΟΤΙΑΦΑΙ

ΑΥΤΟΙCΕΞΟΥCΙΑΝ
ΤΕΚΝΑΘ̄ΥΓΕΝΕCΘΑΙ
ΤΟΙCΠΙCΤΕΥΟΥCΙ
ΕΙCΤΟΟΝΟΜΑΑΥΤΟΥ
ΟΙΟΥΚΕΞΑΙΜΑΤΩΝ
ΟΥΔΕΕΚΘΕΛΗΜΑ
ΤΟCCΑΡΚΟCΟΥΔΕ
ΘΕΛΗΜΑΤΟCΑΝΔΡΟC
ΑΛΛΕΚΘ̄ΥΕΓΕΝΝΗ
ΘΗCΑΝΚΑΙΟΛΟΓΟC
CΑΡΞΕΓΕΝΕΤΟΚΑΙ
ΕCΚΗΝΩCΕΝΕΝΗ
ΜΙΝΚΑΙΕΘΕΑCΑ
ΜΕΘΑΤΗΝΔΟΞᾹ
ΑΥΤΟΥΔΟΞΑΝΩC

シナイ写本　羊皮紙にギリシア語の大文字だけで筆写されている。これはヨハネ伝の冒頭。　（庄司浅水氏提供）

イスラエルの民は、ハゼロテのオアシスに進み、ここにしばらく留りました。

カデシ・バルネア。

ここはイスラエル南部の重要なオアシスです。古くからエジプトとアジアを結ぶ通商路の交差点でもありました。

創世記をはじめ、民数記、申命記といった旧約聖書にしばしば登場する所です。

エジプトを出たイスラエルの民がシナイに次いで最も長く滞在したところです。それができたのも、砂漠の中にこんこんと湧く生命の水があったからでした。

また考古学の発掘によって、ここがダビデの興したユダ王朝の時代、南部国境の要塞都市だったことも確められました。

カデシ・バルネアに留まったモーセは、ここから斥候を遣わして、カナンの地をうかがわせました。

ヘブロンの北、エシコルの谷に行った者は、そこが実り豊かな地であり、しかしそこに住む人は強く、町は守りが堅いと伝えました。

やがてイスラエルの民は、出エジプトの最終コースに出発しました。

チンの荒野、モアブの平原へと移り進みました。

中世のすぐれたユダヤ人の聖書学者であり思想家であったラビ・ベン・エズラは、イス

ハゼロテのオアシス

ラエルの民が四十年もカナンの地に入らなかったことについてこう述べています。

「モーセ以外に、モーセの民は何故自分たちのために、また子孫のために、生命がけの戦いをエジプトに挑まなかったのか。

彼らは幼児の頃からエジプトの軛《くびき》になれ、そのため精神が挫《くじ》かれていたからだ。

その上、彼らは怠惰で戦いにも慣れていなかった。事実アマレク人《びと》は、わずかの兵で攻めてきたのに、モーセの祈りがなかったなら、イスラエルは難なく打ち破られていたであろう。

しかし大いなる業《わざ》をなし、力強い業を企て給う主ご自身が、出エジプトした者すべてに、途中で滅びるよう仕向けられた。彼らがカナン人《びと》に立ち向かって行く力を持たなかったからである。

新しい世代、捕囚の経験がなく、精神が挫けていない、荒野《あらの》で生まれた世代が起こるまで、主は待たれたのである」

やがてモーセは死んで、ネボ山に葬られました。

Photo by David Harris

カデシ・バルネア　出エジプトしたイスラエルの民は38年間この地に留まった。

エシコルの谷　荒野から遣わされた斥候はこの地の産物に目を見張った。

ハゼロテ

ハゼロテは、荒野の中に豊かな泉をもつオアシスで、シナイ山を出発したイスラエルの民が留まった二番目の宿営地である。

ここでミリアムとアロンはモーセがクシの女をめとったことに反対し、彼を非難した（民数一二・一）。クシとは「黒人」を意味する言葉で、おそらくモーセの妻チッポラはミデアン人であったため色が黒く、文化もイスラエルの民とは違っていたものと想像される。しかし、モーセを非難したミリアムとアロンに神は怒りを発せられ、ミリアムは七日間らい病となり、宿営の外に追い出された。民はミリアムが連れもどされるまでは、道に進まなかったと記されている。

聖書を偲び、現在にいたるまで、多くの巡礼者が、このシナイ半島を訪れている。昔の巡礼者たちは何日もかけて荒野を徒歩で横断し、シナイ山に辿りついたという。

ハゼロテへ行く道の岩に、シナイ山への巡礼者たちが刻みつけた落書きが所々にある。それは、古いものも新しいものも、巡礼者たちの心のメッセージである。

カデシ・バルネア

ベエルシェバから約八〇キロ南にあるカデシ・バルネアは、降雨量の少ないシナイ半島の中で、最も湧き水の豊富なオアシスである。その水のおかげで、古代も現在も重要な宿営地であり、軍事基地でもある。聖書時代には、南北に通ずる「シュルの道」と東西に通ずる「海の道」との交差点であった。出エジプトにおいては、イスラエルの民はここで三十八年間を過ごしている。

シナイ山を出てカナンの入口にまで到達したが、民はここに留まって、長い間カナン入りの準備をさせられたのであろう。数々の出来事が、このカデシ・バルネアで起こっている。

カデシとはヘブライ語で「聖」を意味し、創世記には「さばきの泉（エン・ミシパテ）」という名でも記されている。現在の地名は、アイン・エル・クデラートと呼ばれ、エジプト領に属している。

モアブ

モアブは死海の東にあり、北はギレアデ、南はエドムに接している高原地帯（今はヨルダン領）を指す。死海を越える西風は湿気を含み、そのおかげで春には小麦と大麦とで緑色になり、また、いたる所に羊の群れが見られる。

聖書には、創世記から預言書に至るまで、しばしばモアブの名が登場するが、イスラエルの隣国として非常に関係の深いのがモアブであった。

イスラエルの民はカデシ・バルネアを出て、モアブ平原に進み、モーセはモアブにあるネボ山のピスガの峰で世を去った。

エン・アブダット　チンの荒野に流れる洪水が造った渓谷。

チンの荒野（次頁）　イスラエルの嗣業として与えられたカナン南境をなす不毛の荒野。

幻のカデシ・バルネア

イスラエルからエジプト領のシナイ半島に入るときセントカテリーナ修道院までは、ビザ（入国査証）はいらないが、それ以上進むためには、ビザが必要である。

日本を出発する一ヵ月程前に出エジプトのコースの中でも、最も重要な場所、カデシ・バルネアの撮影許可を在日エジプト大使館から取得した。

しかし、エル・アリッシュからいよいよカデシ・バルネアに通ずる道に入ろうとしたとき、エジプト軍の検問があり、この書類の他にエル・アリッシュの役所が発行する許可証が必要だというので、再びもとの場所に引き返し、三ヵ所の役所をまわって、手続きも順調に進んだように思えた。ところが、その日の夕刻、カイロからの返答があって、それによると日本で予定して許可を取った日がすでに過ぎていて、許可できないという。

お役所仕事に全く悔《くや》しい思いをした。カデシ・バルネアは古来、国防上重要な地点であっただけに、現在においてもエジプト軍の重要基地に違いない。取材させたくないのであろうか。

ひょっとしたら、オアシスが遠望できるかも知れないと思い、後日、イスラエル側の国境に行ったが、見えるのは広大な荒野だけで、オアシスは谷に隠れてついに見ることができなかった。

エン・アブダット

紀元前三百年頃、砂漠の遊牧民ナバテヤ人が集まって町を作った「アブダット」という遺跡がある。そこから約四キロ北に行ったところにイスラエルでは大変めずらしい滝となって流れる泉「アブダットの泉」がある。この泉が柔らかい石灰岩を何万年も浸食し続けて深い谷を形づくってきた。

この荒野の泉は、動物たちの大切な水飲み場で、野性のカモシカが群れをなして断崖のあちこちからおりて来る。よく見ると、この断崖の一番高い岩棚には、禿鷹《はげたか》が数羽、長い首をさしのべながら谷底をのぞきこんでいた。

ここに、小学生のグループが遠足にやって来て、どんどん奥の方に進むので、行きどまりなのにどこに行くのだろうかと思い、後を付いていった。

ところが、この子供たちは小さな鉄梯子《はしご》や岩場に刻まれた足場などをつたって、断崖を登って行くのである。一〇〇メートルもある危険きわまりない絶壁を右に左に折れ曲がりながら、子供たちの列は見る見る登っていく。そのたくましさには驚いた。ようやく登りつめた所は展望台になっていて、谷底を上から見渡せるすばらしい景観が広がっていた。

エシコルの谷

ヘブロンから西、二キロ程の所に「クルミの園」と呼ばれる肥沃な谷がある。聖書には、「わたしは谷の花を見、ぶどうが芽ざしたか、ざくろの花が咲いたかを見ようと、くるみの園へ下っていった」（雅歌六・一一）とうたわれているが、その通りに、ぶどう、ざくろ、くるみが狭い谷あいに豊かに茂っている所である。

ぶどう畑の中には石を積み上げて造った見張塔があり、その横には、ぶどう絞りのための溝が漆喰《しっくい》をぬって作られている。二千年も前から使われて来たものだという。

九月中旬に谷を訪れたらアラブ人一家が総出で、くるみの収穫をしているところだった。

一説にはこの谷が、ヨシュアとカレブが斥候に来てぶどうの房を棒にぶらさげ、二人で担いで持ち帰ったエシコルの谷だとも言われている。

アブダットの実験農場　古代ナバテヤ人の灌漑農耕地跡をそのまま用いて荒野の農業研究が行なわれている。

ダヴィド・ベングリオンと妻ポーラの墓　初代首相であったベングリオンはネゲブの開拓に晩年を捧げた。

ネゲブの古代農耕地跡

ビデオの「出エジプト記」の最後のシーンに見える映像は貴重なので一言そえておきたい。

それは、かつてイスラエルの民が旅したチンの荒野である。そこには、古代農業の耕地と灌漑の跡があり、雨季の氾濫を利用するための石積みのダムも見える。古代ナバテヤ人という遊牧民がネゲブを支配していた時代の遺跡で、紀元二世紀頃のものという。

再び砂漠に帰って、緑の沃野に変えようと、新しい国づくりを夢見たのは、現代イスラエルの建国の父ベングリオンであった。彼が晩年を過ごしたキブツ・スデーボケルは、出エジプトの最終コース、チンの荒野を見渡す絶景の地点に位置している。

四章　カナン定着の時代

ヨシュアの戦い

新しい世代の指導者として、神が選んだのは、ヌンの子ヨシュアでありました。ヨシュアはイスラエルの民を率いて、ヨルダン川を渡り、カナンの地に入りました。

（ヨシ三章）

川を渡ると、そこは乳と蜜の流れるカナンの地です。

エリコの町はもうすぐ目の前にありました。

乳と蜜の流れる地　国土の大半は荒れ地だが、シナイの砂漠に比べれば天の恵み豊かな地である。

乳と蜜の流れる地

「わたしは下って、彼らをエジプトびとの手から救い出し、これをかの地から導き上って良い広い地、乳と蜜の流れる地に至らせようとしている」

（出エ三・八）

聖書は、イスラエルの地を「乳と蜜の流れる地」と記している。

この「乳と蜜」が豊かだという表現は、聖書時代においては農作物の豊饒《ほうじょう》さに直接関係はない。逆に野の草花がおい茂り、人の手の加えられていない土地のことを示した。

「乳と蜜の流れる地」とは一見、ごつごつと白い石灰岩の岩肌のあいだに草木がおい茂り、崩壊した遺跡のあるような荒れ地である。

ところが、遊牧民にとって野の草花が茂っている地は、家畜を養う絶好の場所である。

その結果、羊からも乳を沢山搾《しぼ》ることができ、また野の蜂蜜も多く採れ、豊かな遊牧生活を営むことができる。

したがって、この言葉は気に入った土地への絶大な賞賛の言葉であった。

モーセとヨシュア

イスラエルの民をエジプトから導き出したモーセは、約束の地を目の前にして死んだ。偉大な指導者を失ったイスラエルの民が、どのようにしてその志を嗣《つ》いでカナン入りしたかをヨシュア記は記している。

モーセの存命中、ヨシュアはアマレク人との戦いで活躍した。モーセの祈りの手が上がると勝ち、手が下がると苦戦した（出エ一七・八〜一六）。

剣によってではなく、祈りによって戦う大切な実地教育であった。

また、モーセがシナイ山に登り十戒を授かったとき、ヨシュアだけがモーセと共に立ち上がりついて行った（出エ二四・一三）。四十日四十夜モーセのそばにいたが、このとき書かれた成文律法に含まれなかった多くの事は、後にヨシュアの口を通して伝えられ、口伝律法になったという。

モーセによってカナンの地に斥候として遣わされたとき、他の十人が敵を恐れて尻ごみするのを見て、カレブと共に立ち上がり、今こそカナン入りをすべきだと主張した（民数一四章）。

このようにモーセの陰にかくれて仕えていたヨシュアは、神に直接声をかけられて立ち上がった（ヨシ一・一〜九）。

「モーセの顔の輝きは太陽のようであり、ヨシュアの顔は太陽の光を反射した月のようであった」とユダヤ賢者の言葉にあるとおり、ヨシュアは偉大な師モーセの行動をまねながら、新しい世代の指導者となっていった。

ヨルダン川　イスラエルの民は、ここを渡ってカナンの地に入った。これより後、歴史のターニングポイントを迎える大切な場所として、しばしば聖書に登場する。

ヨルダン川

「深き河」と黒人霊歌にも歌われるヨルダン川を実際に見た人は、誰しもあまりの小ささに驚かされるだろう。

しかし、この川はイスラエルで最大の川である。ヘルモン山の雪解け水が川となって、北ガリラヤ地方を潤しながらガリラヤ湖に注ぐ。

水は上流では清冽だが、ガリラヤ湖に注ぐあたりのベツサイダ平原では水量も増す。ここまでのヨルダン川は、いつでも見ることが出来る。

ガリラヤ湖から、死海に流れるヨルダン川の十キロ地点以南は、ヨルダン国との国境になっているため、見ることも近づくことも出来ない。

ヘルモン山から死海まで、直線距離にして約二〇〇キロメートルだが、大きく蛇行しながら流れているため、川の全長は約五〇〇キロメートルもある。また、その落差は約千メートルにも及ぶ。

日本の川は「五月雨《さみだれ》を集めて早し最上川」と詠まれるように下流ほど川幅が大きくなるのだが、ヨルダン川の下流は乾燥した荒野が広がるため、水量は次第に減少して川幅が狭くなる。

この国では年間を通して、水が流れ続けている川であるということが非常な価値をもっている。

エリコの東、ヨルダンとイスラエルを往来する国境の橋が、有名なアレンビー橋である。ヨルダン人たちは検問でチェックを受けて、双方から往き来している。農産物をトラックに満載して輸送している。しかし、一般の旅行者はヨルダンからイスラエルに入国することは出来ても、その逆はヨルダン政府が許可していない。

この付近はエリヤが火の車にのって天に昇った所であり、ヨシュアが出エジプトした民を率いて、カナン入りしたところでもある。

アレンビー橋から四キロほど南下した所に、洗礼者ヨハネの修道院跡がある。ここはイエス・キリストがヨハネからバプテスマを受けた場所である。ここを撮影することは日本を出発するときからの大きな願いであった。

ところがこんな切なる思いを察してか、親日家のアビグドール・プラゾン氏（政府公認ガイド）が、西岸地区を統括する総司令官に直接交渉して下さり、撮影許可を受けることができた。

約束の日、総司令官自ら同行し、我々の車を二台のジープで護衛して、鉄条網の扉を開き、川のほとりまで連れて行ってくれた。

三脚を立てて撮影に入ると、自らファインダーをのぞきながら、撮影してもよい範囲を指示してくれる。川幅は五メートルほどしかない。対岸の葦の茂みの向こうに立っている監視塔には、ヨルダン兵がこちらを注視しているのが見える。もちろん、そちらにはレンズを向けられない。

しかし、総司令官以下、八名ほどの兵士たちは至って気楽な雰囲気で案内してくれるので、あまり緊張しないで撮影することができた。

聖書の重要な舞台となった荒野に流れるヨルダン川を撮影できた喜びは、たとえようもなく、関係者の皆様に心から感謝したい。

エリコは申命記に「しゅろの町」と記されていますが、また「芳香の町」とも言われているように、緑につつまれた美しいオアシスの町です。

エリコは古くから栄えた町ですが、海面下二五〇メートルの荒野の真ん中に、どうしてこのような町が出来たのか、その秘密は泉にありました。

歴史的に見ると、エリコには三つの町があります。旧約時代の町、その南三キロの所にある新約時代のエリコ、そしてその中間に現在のエリコがあります。

紀元前七千年頃、エリシャの泉のそばに最初の集落が形成されました。世界で最も古い町の跡です。

その集落の存在は、現代の町の西北にある「テル・エ・スルタン」の発掘によって明らかにされました。

ここが旧約時代のエリコのようです。

ここから発掘された円塔は、紀元前七千年頃のものです。

カナンの地に入ったヨシュアは、そのエリコを攻略して、カナン征服の第一歩を踏み出しました。　（ヨシ六章）

ヨルダンの低地を見下ろすカナンの山地、その拠点にアイという町がありました。ヨシユアは、この町も激しく攻めましたが、最初

見張り塔（上）　紀元前7000年の城塞跡。ここには世界最古の都市が栄えていた。

エリコ（右上）　ヨルダン渓谷最大のオアシス。熱帯性の花が咲き、果物が豊富に実る芳香の町。

テル・エ・スルタン（右）　ヨシュアが攻略した町エリコを発見しようと長年発掘が続けられてきた。

は神の命《めい》に従わなかったので、失敗しました。しかし、ついにこれを攻めおとし山岳地帯にもその足場を築きました。（ヨシ七～八章）

アイとは〝廃墟〟の意味です。

古代の戦争は、ある意味では宗教的行為の一つでもありました。部族と部族の戦い、それはそれぞれの神の戦いでもありました。

ヨシュアは、「エホバの戦い」と言って民を導き励ましました。

「主はヨシュアと共におられ、ヨシュアの名声はあまねくその地に広がった」

アイを滅ぼしたヨシュアは、エバル山に祭壇を築きました。

これがその遺跡です。

ヨシュアはこのエバル山に民を集めて、律法を読み、厳粛な集会を行なったということです。　　（ヨシ八章）

近年発掘が進められ、その祭壇跡が発見されました。それによって、聖書が記している「鉄の道具を当てない自然のままの石で築いた祭壇」が現われました。まさに驚くべき考古学的発見でした。

ヨシュアは、ことごとくモーセの命じたとおりに行なったと言われていますが、この発見によってそれが実証されたのでした。

いけにえを祭壇に捧げた跡もあり、そこには当時の灰がそのまま残っていました。

エバル山頂の祭壇（上）　ヨシュアが築いた切り石を使わない祭壇が3000年前のまま発見された。

アイ（下）　ヨシュアは敵前から逃げるふりをしてアイの戦士を誘い出し、町に火を放った。

ラハブの伝説

エリコの戦いに先立つ興味ぶかい斥候の物語。ヨシュアが二人の斥候をつかわしてエリコを探らせたが、二人はまずラハブという名の遊女の家に泊まった。「遊女の家（ベイト・ゾナ）」とは、食事を与える家の意味で当時の旅人の宿屋ともとれる。ラハブはその宿屋のやり手の女主人というところ。さて、二人の斥候はこのラハブの機略のおかげで命を守られ無事に民のところへ帰ることができた。後に、エリコではラハブの一族だけが救われた。

ラハブは後にヨシュアに嫁いだというユダヤの伝説もある。彼女の家系からボアズが生まれ、彼がめとったモアブの女ルツとの間に生まれたオベデから、ダビデ王の父エッサイが生まれた。後に新約聖書も、イエス・キリストの系図の中にラハブの名をあげている（マタ一・五）。

自分の命を賭けて斥候を助けたラハブの信仰は、ヘブル書の記者も賞賛している（ヘブ一一・三一）。

エリコ

紀元前七千年から存在する世界最古の町であるが、古代のエリコはテル・エ・スルタンと呼ばれる遺跡として残っている。

この遺跡で有名なのは、約九千年前の円形の見張り塔が発見されたことである。

エリコはヨルダン東岸と西岸を結ぶ交通の要衝であった。そのため、あらゆる敵の攻略に備え、堅固な城壁で町は守られていた。

ヨシュア記は不思議な戦いぶりを記している。イスラエルの民が毎日、この城壁の周囲をめぐり、七日目に七度めぐりつつ、七人の祭司が羊の角笛《ショファール》を吹きならし、民は大声で鬨《とき》の声を上げた。すると城壁はくずれおちた（ヨシ六章）。

ある時期、テル・エ・スルタンの遺跡がヨシュアの落した城壁とみなされていたが、その後発掘を続けたK・ケニヨン女史によって、この城壁跡は実際はヨシュアよりもずっと古い時代のものと判明した。それにしても、聖書の記述の雰囲気が感じられる。

その後の神殿時代には、このエリコの出来事を記念して、神殿の祭壇の周囲を民が七回まわる掟があった。また現在のシナゴーグでは、シムハット・トーラーの日に会衆は、トーラーが置いてある講壇の周囲を七回まわる。それはエリコの勝利をいつまでも記念するかのようである。

エリコの二重城壁（上段右）　イスラエルの民が７日目に７度回って鬨の声を上げると城壁はくずれおちた。

ヒッシャム宮殿跡（上段左）　エリコの北２キロにある。８世紀頃、ウマイヤ王朝の冬の宮殿として建造された。非常に美しいモザイクが残っている。ヨルダンを渡って最初に駐屯したギルガルがあった場所と思われる。

ショファール　雄羊の角で作られた角笛は戦いの合図として使われた。今もユダヤの新年に吹き鳴らす祭儀具である。

壺の発掘（次ページ）　祭壇の前から壺が発掘された。

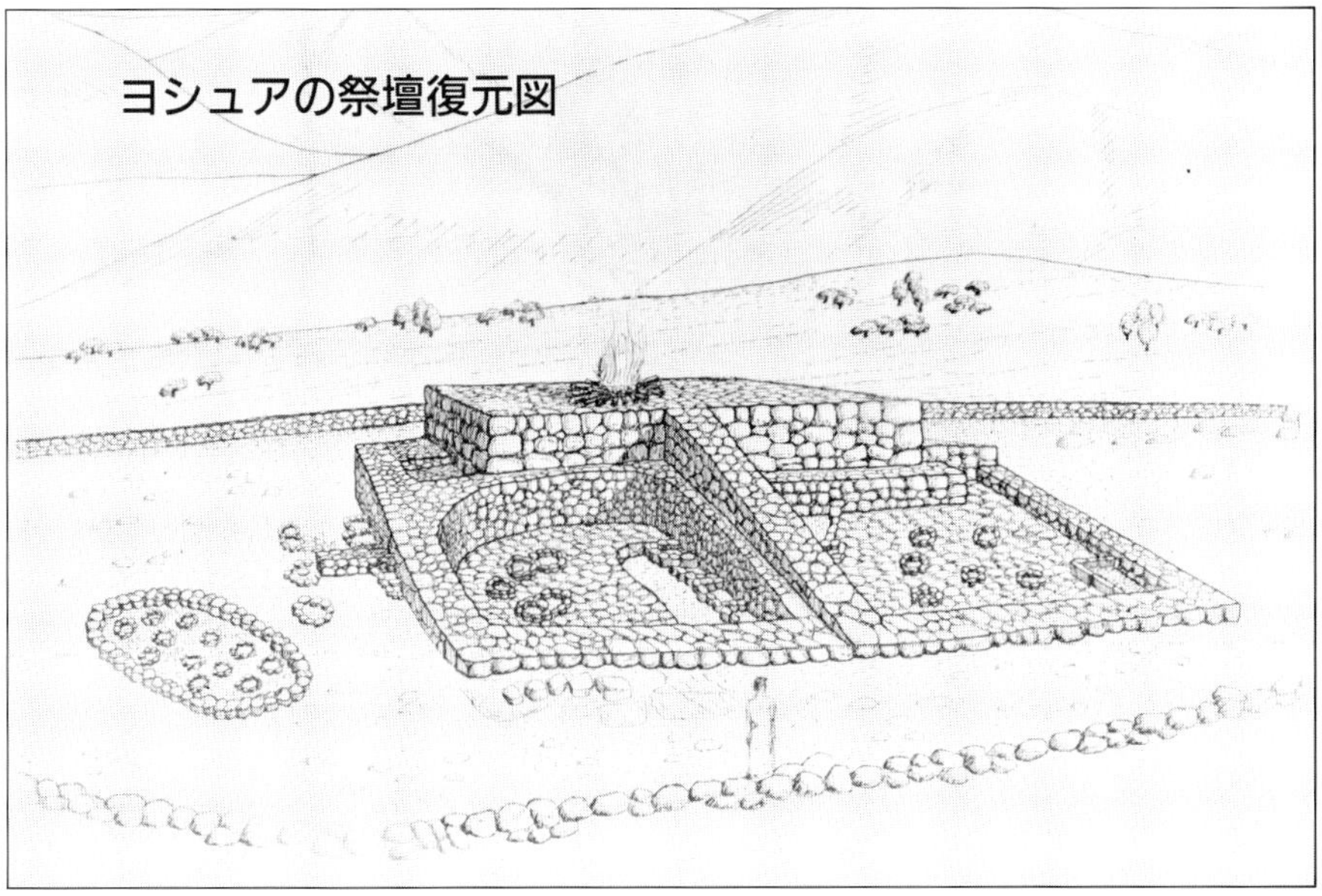

ヨシュアの祭壇の発掘現場

「そしてヨシュアはエバル山にイスラエルの神、主のために一つの祭壇を築いた。これは主のしもべモーセがイスラエルの人々に命じたことにもとづき、モーセの律法の書にしるされているように、鉄の道具を当てない自然のままの石の祭壇であって、人々はその上で主に燔祭をささげ、酬恩祭《しゅうおんさい》を供えた」(ヨシ八・三〇〜三一)

エバル山で発見された祭壇を発掘するので、取材に来ないかとの連絡を受けた。

エルサレムを朝三時に車で出発。五時、シケムのエバル山頂にある軍事施設の門前に到着。待ち合わせたハイファ大学の発掘隊三〇人程がジープとバスでやって来る。施設を通過させてもらい発掘現場に向かう。

発掘隊といっても、外国からの観光客が大半で、自分で参加費用を払って参加した隊員たちである。

考古学の発掘は、乾季の約一カ月間しか行なわない。この発掘ツアーのグループも一週間だけ作業に参加する。日中は暑いので夜明けとともに作業を開始して昼頃には終わる。午後は見学旅行を予定していると聞いた。アメリカの大学生や老牧師、ヨーロッパから来た考古学に興味のある婦人たちが集まって陽気に泥運びや石運びをやっている。予算の少ないイスラエルは、良い方法を考え出したものだと思う。

エバル山の頂上から東に五〇〇メートル程下った所に、小高い丘がある。この丘の頂上に祭壇の形をほぼ完全に止めた石積みが見える。これが一九八二年に発見されたヨシュアの祭壇である。今、その周辺の発掘が進められている。祭壇の周囲は低い石垣で囲まれ、祭司たちが立つ所と、外側の民衆が立つ所とに分けられていた。五メートル区画ごとに掘り下げてゆく方法で、祭壇のまわりも少しずつ発掘が進んでいる。今年の発掘で祭壇の前方から油用の壺が二個発見され、細心の注意をもって刷毛《はけ》で泥が落された。その結果、この土器からこれが三千年前のヨシュア時代の遺跡に間違いないことが証明された。

昼食のあと、発掘総責任者のA・ゼルタル教授が参加者全員に遺跡の復元図を示しながら解説してくれた。それによると、祭壇の構造上からもヨシュア時代のものと言える。しかし文字などの動かし難い証拠が発見されないかぎり、ヨシュアが築いた祭壇であるとは断定出来ないと言われる。じれったい気もするが、エリコ発掘においてヨシュアが滅ぼしたものであると一度出された結論がその後、発掘したケニヨン女史によって、間違いであったことが証明されたという有名な話があるだけに、軽率には断定を下さない学者の態度はよく理解できる。

著名な考古学者B・マザール教授は、こう語っている。

「エリコとアイを攻略した後、最初にヨシュアが実行したことは、モーセの命令(申命二七章)どおりエバル山に主の祭壇を築くことであったというヨシュア記の記述(八・三〇〜三五)は、歴史的事件に確かに基いており、人々の記憶のなかに残っていたにちがいない」。

ヨシュアがエリコとアイを攻略したことを聞いて恐れたギベオンの王は、いち早く近隣の三国、ケピラ、ベエロテ、キリアテ・ヤリムに呼びかけ、策略を用いてイスラエルと平和条約を結び、永く共存した、とヨシュア記は伝えています。

ギベオンの王が用いたのは、遠くから来たと偽って、ヨシュアと契約を結ぶという策略でした。（ヨシ九章）

ギベオンの有名な遺跡に大池があります。古代の貯水池の典型的な一つです。

後に、サウルの部将アブネルと、ダビデの部将ヨアブが戦い、ダビデ側の勝利に終わった古戦場でもあります。

ギベオンが裏切ったことを知ったカナンの王たちは、連合してイスラエルの民に挑んできました。ヨシュアが南カナンの連合軍を打ち破ったのは、このアヤロンにおいてでした。

ヨシュアはイスラエルの人々の前で、主に向かって言いました。

「日よ、ギベオンの上にとどまれ、
月よ、アヤロンの谷にやすらえ！」

（ヨシ一〇章）

アヤロンの谷　アモリ人との戦いはイスラエルにとって最も長い一日であった。ギベオンから下った古戦場には真っ赤なケシの花が咲いている。

ギベオンの大池　螺旋階段をつたって地下の泉まで水を汲みに行く、古代の要塞都市に不可欠な設備。

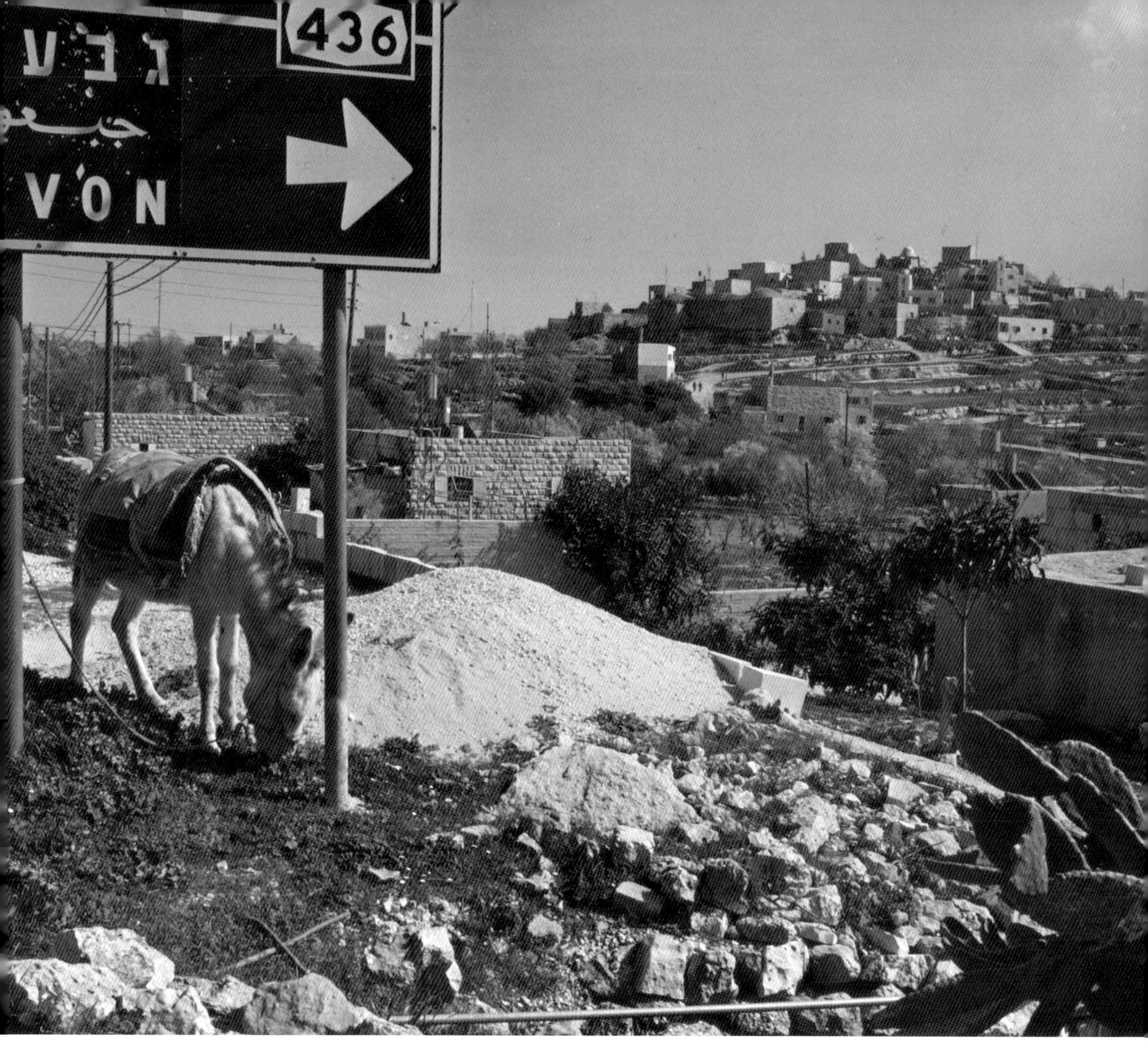

ギベオンの大池

サムエルの墓に立つ塔の上から、北側を見おろすと、お碗《わん》を伏せたような美しい丘が見える。それがギベオンの町があった丘である。今はギブオンというアラブ人の小さな集落が丘の北斜面にある。古代の遺跡の中に住んでいるかのような趣《おもむき》のある村である。

頂上の南側にブドウ絞り場や、聖書にも登場するギベオンの大池が発掘されている。直径一一メートルある穴の内側に螺施《らせん》階段があり、深さ一〇メートルの底は石がゴロゴロしていて階段もそこで塞がれている。この丘の東側の中腹にトンネルがあって、そこを入ってゆくと水路が見える。この水路に通ずるように石段が上から延びていて、これが大池の螺施階段に通じているのである。いずれも岩盤をくり抜いて作ったトンネルで、水を安全に確保するための大掛かりな工事は、メギドやハッツォールなどの古代要塞都市に共通のものである。

ちょうどこの地下階段を撮影しようとしたとき、遠足に来たイスラエル人の小学五、六年生ぐらいの女の子たちが、先生につれられて入って来た。しばらく入口で説明を聞いたあと、全員がローソクを持って、水路に入って行った。水はすぐ腰のあたりまで深くなり、水路は右に曲っていて、入口からは見えなくなった。

暗闇の中から、次第に子供たちの悲鳴が反響してきて、恐怖の様子が伝わってくる。二十数メートル奥に源泉があるのだが、そこまで行ったのであろう。二十分程して壁づたいに一列になって帰ってきた。ほとんどのローソクは消え、声を上げて泣いている子もいる。水底のゴロゴロした石ですりむいたのか足から血を流している子もいた。みんな胸から下がずぶ濡れであった。

このように国中の至る所、自分の足で歩くこと

ギベオンの地下階段

ギベオン　エリコ、アイと攻め上るヨシュアの軍団に恐れをなしたここの住民は、策略を用いて和平契約を結ぶ。

ローソクを手に古代の地下水道を探索する少女たち。

を通して体験的に歴史を学び、愛国心を養い、あわせて強靭《きょうじん》な体と心を形成してゆくのがイスラエルの教育方針のようだ。

ヨシュアは、更に北カナンの連合軍をメロムで打ち破りました。連合軍の盟主はハゾルの王でしたが、その都市を徹底的に滅ぼしました。ハゾル、即ちハッツォールは典型的なカナン人の町でした。（ヨシ一一章）

エジプトの古い文書にもこの町の名が記録されているほどです。ハゾルには、後にソロモンの要塞も築かれました。

ハゾルの神殿跡から、カナン人の神、「月の神」を拝む石柱が発掘されています。

こうしてカナンの地を平定したヨシュアは、その地を十二支族の部族ごとに分割し、それぞれの地に定着させることにしました。

それは遊牧民であったイスラエルの民が農耕の民になったことでもありました。

そしてヨシュアはイスラエルの全部族をシケムに集め、シナイ山での神との契約を改めて皆で誓い合いました。「シケムの誓い」と言われるものです。

地上を去る前、ヨシュアは素晴らしい決別の演説をしました。そして、民はヨシュアに答えました。

「われらの神、主にわれわれは仕え、
その声に聞き従います」

ヨシュア記はこう記して終わっています。（ヨシ二四章）

ヌンの子ヨシュアは、テムナテ・セラに葬られました。その墓は、エフライムの丘陵地帯にあったということです。

ここシケムにヨセフの墓もあります。ヨセフは予言のとおり、四百年ぶりにカナンにもどって来たのでした。

ハッツォールの遺跡　ここはイスラエルで最も大きなテルである。

テル・ハッツォール　廃墟の上に新しい町が作られ、また滅びていく。このようにして出来た人工の丘（テル）は遠くからでもよく分かる。

ハゾル

ハゾル、原語で〝ハッツォール〟と呼ぶ。

ハゾルは北カナン地方の最大の町で、北のダマスコや南のエジプトにいたる隊商路に面していた。エジプトやアッシリアの古文書にも登場する。

聖書によると、このハゾルの王ヤビンが二回、イスラエルの民によって滅ぼされている。最初はヨシュアによって(ヨシ一一章)、二回目は後の士師時代のデボラによる(士師四章)。ヤビンというのは、人の名ではなく、王の称号であろうという仮説がある。

エジプトでは「パロ」が王の称号であったように、「ヤビン」という名もハゾルの王の称号で、ヨシュアの時代とデボラの時代とは全く別の王であったと思われる。一度ヨシュアによって滅ぼされたハゾルもその後勢力を盛り返し、「カナンの王ヤビン」(士師四・二)とまで呼ばれるようになった。

そして、デボラの時代(紀元前一一〇〇年頃)にハゾルは滅ぼされ、紀元前九六〇年にソロモン王が、北の守りとして堅固な要塞を築いた。ソロモン王がつくった城壁は、エジプトのヒクソス時代の様式をまねて作られた二重城壁が特徴となっている。

シケムにあるヨセフの墓　墓の覆いには次の聖書の言葉が記されている。「イスラエルの人々がエジプトから携え上ったヨセフの骨は、むかしヤコブが銀百枚で、シケムの父ハモルの子から買い取ったシケムのうちの地所の一部に葬られた」。(ヨシ24・32)

ヨシュアの墓　主のしもべ、ヌンの子ヨシュアはその嗣業の地、テムナテ・セラに葬られた。エフライムの山地に今もひっそりたたずむ。

五章　士師の時代

カリスマ的指導者

すぐれた指導者だったヨシュアの死後、イスラエルの民は各部族がそれぞれの地を守って生きてゆかねばなりませんでした。

かつてヨシュアが征服したカナンの先住民は、隙《すき》あればイスラエルを討とうと虎視《こし》たんたんと狙い、外にはペリシテ、モアブ、ミデアンなどの種族も、侵入の隙を窺《うかが》っていました。

しかし、一番の敵はイスラエルの民の心の中にあった。自分たちの土地に落ち着き、平和に慣れた民は、次第に神に命じられた使命と約束を忘れていったのである。

そのバラバラになった民を一つにまとめ、神との契約を守らせ、導くために神が選んだのが「士師《しし》」でした。

デボラ、ギデオン、そしてサムソンもその一人でした。

士師とは、神の命じたことを行なうカリスマ的指導者です。

タボル山　女預言者デボラとバラクのもとに集ったイスラエル人は、この山をかけ下って戦車900両をもつカナン軍を撃破した。

ハロデの泉　主の戦いは少数精鋭でなされる。敵前で水を飲むときも油断しない300人がここで選ばれた。

北イスラエルが北カナン王と戦った時のことです。

女預言者デボラは、タボル山に陣をしいたイスラエルの隊長バラクを励まし、戦車九百両を従えたカナン軍の隊長シセラをキション川まで敗走させました。　（士師四章）

雨季になると、水かさが増し、あたり一帯は沼地と化します。

麦の実りの豊かなエズレル平原の畑です。これも士師の時代、ある日、一人の気弱な若者が麦を打っていました。そこへ神の使いが来て言いました。

「大勇士よ、主はあなたとともにいる」。

こうして神に召し出されたその若者が、オフラ出身のギデオンでした。　（士師六章）

オフラはエズレル平原の一寒村でしたが、現在その付近に、アフラという町が新しく建てられています。

当時、ミデアン人と呼ばれるアラビア南部の部族が、ヨルダン川を渡ってカナンの地に入り、イスラエルの村々を侵略していました。

ギデオンが戦いのために呼びかけると、三万二千の若者が集まりました。神はギデオンに告げました。

「数が多すぎる。このまま勝てば、兵が多いために勝ったと思うであろう。勝利が神の御業であることを、イスラエルの民が知るには、数は少ない方がいい」。

そして残った兵は一万。

それでも多いと思ったギデオンは、兵士たちをハロデの泉に連れてきて水を飲ませました。

渇いた多くの兵は、水辺に膝《ひざ》をついて犬のように水を飲みました。

右手に楯と剣を持ち、左手で水をすくって、すばやく飲んだ兵士は、三百人余りでした。

ギデオンは、この三百人余りの兵士を連れ、真夜中の敵陣に奇襲をかけました。松明《たいまつ》の明りと鳴り響く物音に、大軍の来襲と思ったミデアンの陣は、大混乱に陥り、ギデオンは彼らをモレの丘から、追い払うことに成功しました。　（士師七章）

デボラ

「そのころラピドテの妻、女預言者デボラがイスラエルをさばいていた。彼女はエフライムの山地のラマとベテルの間にあるデボラのしゅろの木の下に座し、イスラエルの人々は彼女のもとに上ってきて、さばきをうけた」（士師四・五）。

女預言者デボラはイッサカル族の預言者で、彼女の預言活動はベテルの近くで行なわれた。それは昔、同名の「デボラ」というリベカのうばが葬られたところと言われている（創世三五・八）。

そして、イスラエルでは、神に問うために行くとき、こう言った。「さあ、われわれは先見者のところへ行こう」（サム上九・九）。こうして民はデボラのもとへ集ってきて裁きを受けていた。

勝利を賛美した「デボラの歌」（士師五章）では、彼女は「イスラエルの母」と呼ばれている。これは当時の先見者が宗教的権威をもって、正しく民を裁いていたことを物語っている。

ヨシュアによって、ほとんどのイスラエルの民はカナンへ定着したが、まだ、いたるところに異民族が残っていた。しかし、このデボラの戦いが最後のカナン人との戦いになり、カナンへの定着が完成したようである。だが、イスラエルの民には強い王国制度がなかったため、モアブ、ミデアン、ペリシテなど隣国の民はすきあれば次々と侵入してきた。

ギデオン

ギデオンは、主の使いによってミデアン人の手からイスラエルを救い出すという神の使命を担った。

まず彼が行なったことは、アモリ人の神々に異教化されつつあったイスラエルの地に、主の祭壇を築いたことである（士師六・二四）。

士師は、王や祭司のように世襲ではなく、神こそイスラエルの王であるという信仰にいつも立っていた。ギデオンは言う、

「わたしはあなたがたを治めることはいたしません。また、わたしの子もあなたがたを治めてはなりません。主があなたがたを治められます」。

（士師八・二三）

また、士師記七章のミデアン人との戦いにおいて、主語はギデオンではなく、ほとんど「主はギデオンに言われた」と神が中心に記されている。このようにギデオンは、神から遣わされた使者であったことを、聖書は強調している。

戦車のレリーフ　カナン人の戦車は定住し始めたイスラエル人にとっては恐ろしい近代兵器であった。

ハロデの泉(左)　ギルボア山麓の岩間から、今もギデオンの時代と変わらず澄んだ水が湧き流れている。

ギルボア山とモレの丘(下)　エズレルの谷をはさんで、手前はギデオンの軍団が陣をしくギルボア山。右手にミデアン人、アマレク人の布陣するモレの丘が見える。

こうのとりの巣ごもり

渡り鳥

ヨーロッパ大陸とアフリカ大陸の間を移動する渡り鳥の多くは、イスラエルを経由してゆく。

地中海沿岸のキブツ・マーガンミハエルの養魚池は、野鳥の観察に最も適した所として有名である。また、エズレル平原にたくさんある養魚池にも、ペリカンやコウノトリなど大型の渡り鳥が大群をなして飛来する。

普通、コウノトリは、イスラエルで巣づくりしないと言われる。しかし、ゴラン高原のキブツの電柱上で営巣し、抱卵している二組のコウノトリを見つけた。

イスラエル人に聞くと、ここでしか見ることが出来ないのだと教えてくれた。

サムソンも神によって力を得た士師でした。サムソンが生まれたのは、ゾラで、海岸平野とユダ山地の中間地帯、シェフェラーと呼ばれる所にあります。

サムソンの母は石女《うまずめ》でしたが、ある日、神のお告げで身ごもり、一人の男の子を産みました。神の使いは、その子が神に捧げられた者であり、その証しとして、その髪に一度もかみそりをあてても、切ってもいけない、と告げました。その男の子がサムソンでした。

（士師一三章）

その頃、カナンの地に定着し始めたのが、ペリシテ人《びと》です。エーゲ海方面から移住して来た海洋民族ですが、彼らは次第にイスラエルと敵対するようになりました。

体の大きいペリシテ人でした。彼らの棺の大きさからもよくわかります。

また、ペリシテ人はイスラエルよりも早く鉄器を使用していたので、イスラエルは戦いの度に大変苦しめられました。

サムソンは、そのペリシテ人と戦った英雄ですが、いくつかの物語を残しています。

サムソンとデリラの有名な物語も、ペリシテ人の謀略戦の逸話の一つです。

英雄サムソンに勝てないペリシテ人は、美女デリラを使って、サムソンから髪の秘密を聞き出しました。デリラに心を許したために、

ペリシテ人の棺　地中海を越えてやってきたペリシテ人は、ギリシアのミケーネで発見されたアガメムノン王の仮面によく似ている。

サムソンの生地ゾラ　ユダの山地と、ペリシテ人が住む海岸平野の境に位置し、ペリシテ人に支配された村で、英雄サムソンは育った。

ペリシテ人の鉄器　鉄の刃をもつ懐剣と鉄製のくさり。鉄器を持たないイスラエル人にとってペリシテ軍は脅威であった。テル・エル・ファラ出土、紀元前1200年（イスラエル博物館蔵）。

サムソンは髪の毛を切られて、その神通力を失ってしまいます。捕えられ、両眼をえぐられたサムソンですが、髪が伸びてくると、再び力を取りもどし、最後には、ペリシテ人のダゴン神殿の柱を倒して、多くの敵もろともガザにおいて壮烈な死をとげました。

（士師一六章）

イスラエルの預言者たちは、アシケロンとペリシテ人の滅亡を予言しました。そのように、ローマ時代の遺跡を除いて、当時の面影を偲ばせるものは、現在のアシケロンに何一つ残っていません。

士師の時代も終わり、やがてダビデ、ソロモンの時代を迎えます。

ガザ　海の民、ペリシテ五都市の一つ。昔も今も異邦の街である。

アシケロン　ペリシテ五都市の中心。現在はヘレニズム、ローマ時代の発掘品が点在する遺跡公園となっている。

ベテシメシ

ユダ地方にある古くて重要な町の一つで、ベテシメシとは「太陽の家」の意味である。ここでカナン人が「太陽神」を崇拝していたものと思われる。

サムソンの出身地は隣のゾラであるが、彼の名の語源は「太陽」からきているので、このベテシメシの町と関係があったのであろう。

ベテシメシはダン部族の所領地であったが、イスラエル王国時代にはユダ族の領域内に含まれ、祭司レビ族の住んだ町の一つにもあげられている（ヨシ二一・六）。

サムエル記には、ペリシテ人がイスラエルから奪った神の箱に悩まされ、雌牛につないだ車に乗せたところ、車はベテシメシに進んだと記されている。

（サム上六章）

ガザ

ガザは、エジプトへ通じる「海の道」の途上にある重要な町であった。ここは、世界中で最も古い町の一つで、現代に至るまで途切れることなく、人が住み続けている。

士師記では、ペリシテ人の五都市の一つに数えられ、英雄サムソンもこのガザの獄屋につながれた（一六・二一）。

後の預言書も、ガザについて多くのことを記している。エレミヤ書には「ガザには髪をそることが始まっている」（四七・五）とあり、アモス書には「わたしはガザの石がきに火を送り、そのもろもろの宮殿を焼き滅ぼす」（一・七）とある。また、ゼパニヤ書には「ガザは捨てられる」（二・四）など聖書では、この異邦の町に対して滅びるという預言が多い。

現在もこのガザ地区は、イスラエルの管理地区にあるエジプト系アラブ人の町（人口約十二万）で、エジプトと平和条約を結んだ今も、ガザの住民と周囲のイスラエル人との間には緊張関係が続いている。

アシケロン

古代からアシケロンは、地中海沿岸に面した港町であった。ヨシュアの時代には、イスラエル人の定着はまだアシケロンにまで及ばず（ヨシ一三・三）、ヨシュアの死後、ユダによってアシケロンは征服された（士師一・一八）。

しかし、このアシケロンにペリシテ人は侵入し、イスラエル人への攻撃の拠点とした。

アシケロンの町が最も繁栄したのは、ローマ時代に入ってからである。この町はエジプトへ通ずる「海の道」の途上にあり、「自由の町アシケロン」と呼ばれ、商業都市として非常に栄えた。

ペリシテ人の壺　この壺の中で大麦を発酵させてビールを作った。紀元前12世紀頃（イスラエル博物館蔵）。

六章 統一王国時代

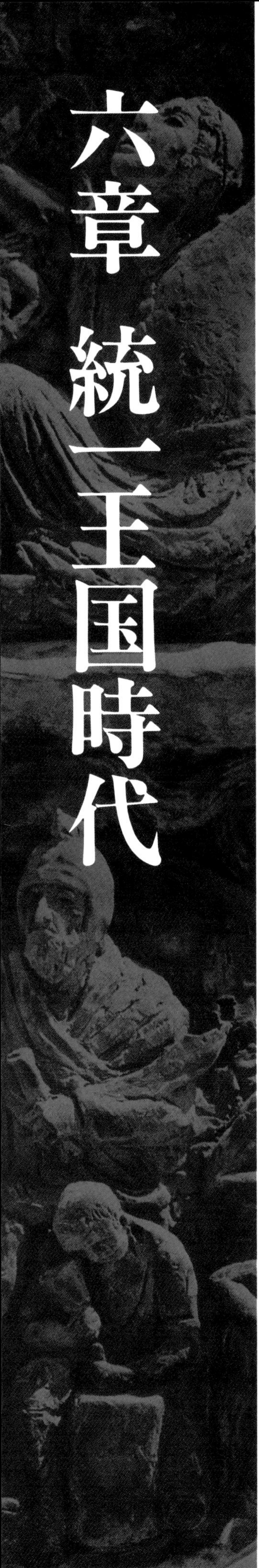

預言者サムエル

エルサレムから北上すると、エフライムの山地に、聖所シロの遺跡があります。シロはベテルとシケムの中間にあり、エルサレムが都となる以前は、ここに主の幕屋が張られ、そこに契約の箱が安置されていました。全国で最も神聖な所として、崇敬をあつめ毎年シロで主の祭りが行なわれていました。

エフライムに住むエルカナという人の妻ハンナは石女《うまずめ》で、いつもそのことを嘆き悲しみ、このシロの神殿に行っては、神の前で祈っていました。

「もし男の子を賜りますならば、その子を一生の間、主に捧げます」。

この母の熱心な祈りと誓いによって生まれたのが、偉大な預言者サムエルでありました。

（サム上一章）

少年の頃から祭司エリに預けられ、神にも人にも愛され、主の声を聞く預言者として成長していきました。

今、サムエルの墓はエルサレムの郊外にあります。

後にサムエルを通して、イスラエルの国は

シロの遺跡　聖所のともしびの番をしていた少年サムエルは、ここで神の呼び声を聞いた。発掘された住居跡。

サムエルの墓に没む夕日

救われますが、その陰に母ハンナの祈りと、父エルカナの信仰があったことを忘れることは出来ません。

サムエルは、ペリシテ人と戦うために、民をミズパに集めました。そして、

「異なる神々を捨てて、主に心を向け、主にのみ仕えよ」。

サムエルは、まず信仰を正すことを求めました。その結果、ペリシテ人との戦いは大勝利に終わったといいます。（サム上七章）

サムエルが年老いてきた頃、民は自分たちを導いてくれる強い王をいただくことを願い、それをサムエルに訴えました。

サムエルの丘　エルサレムの郊外にあるサムエルの墓を遠望。彼の出身地ラマだとも言われる。手前は新しい町ラモット。

シロ

「そこでイスラエルの人々の全会衆は、その地を征服したので、シロに集まり、そこに会見の幕屋を立てた」。（ヨシ一八・一）

聖書で最初にシロの名を記しているのは、ヨシュア記である。ギルガルからシロに契約の箱は移動し、ここが民の集会場所として用いられ、戦いの際にもこの町から出陣した（ヨシ二二・一二）。

紀元前一〇五〇年頃、シロはペリシテ人によって破壊され、以後、宗教的中心はエルサレムに移ってゆく。サムエル記に、シロにある「主の神殿」（サム上一・九）「主の宮」（一・二四）と記されているところから、すでにシロにおいては荒野時代の天幕の聖所ではなく、最初の石でつくられた神殿が建てられたものと思われる。

今世紀のはじめ、デンマークの考古学隊による発掘で、イスラエル人占領の証拠も発見された。近年、イスラエルのバルイラン大学によって、当時の住居跡が発見されている。

サムエルの母ハンナ

イスラエルの宗教は預言者サムエルによって大きく復興した。各部族がバラバラだった士師の時代から、統一王国へと移行する難しい時代は、このサムエル抜きでは実現しなかったであろう。

「そのころ、主の言葉はまれで、黙示も常ではなかった」（サム上三・一）とあるように、イスラエルの宗教が低迷していた時代に、一人の石女《うまずめ》ハンナの魂を注ぎ出す祈りによって、主の祝福がハンナの上に臨み、新しい時代が明けそめた。

ハンナは男の子を授かり「わたしがこの子を主に求めたからだ」といってサムエルと名づけた（サム上一・二〇）。

そしてハンナはサムエルを主に捧げて祈った。

「わたしの心は主によって喜び、
わたしの力は主によって強められた。
わたしの口は敵をあざ笑う、
あなたの救いによってわたしは楽しむからである」。
（サム上二章）

このハンナの祈りは、後に多くの婦人たちに慰めと生きる勇気を与えた、素晴らしい信仰詩である。

旧約聖書によれば、旅長アブラハムの妻サラも石女であった。しかし、主の使いの御告げによってイサクが与えられた。また、イサクの妻リベカ、ヤコブの妻ラケル、士師サムソンの母もそうであった。

新約聖書では、洗礼者ヨハネの母エリサベツも不妊の女であった。また、イエスの母マリヤも御使いの言葉を通して、聖霊によって身ごもったことを知らされた（ルカ一章）。

母親の篤い信仰によって胎に宿った子は、信仰の人となり、民を救う人物になったのである。

預言者の里ラマ

エルサレムの北のはずれに「ラマ」と呼ばれる丘陵地がある。ここは預言者サムエルの故郷であり、また、彼の預言活動の舞台でもある。

サムエルはラマに預言者の一群を集め、イスラエル王国の先駆けとなった。

ラマとは「高き処」という語義のように、この場所から一望にユダ・エルサレム地方が見渡せる。この高き処から、いつもイスラエルを見渡して祈ったサムエルの声が、風の音の中に今も聞こえるようである。

ラマにはサムエルの墓がある。現在、この墓は回教寺院になっているが、旧約聖書に登場する人物は、回教徒にとっても聖者である。モーセにしても預言者ヨナにしても、立派な回教寺院の中に、墓があって崇敬を集めている。

このサムエルの墓には、ユダヤ教徒も祈りにきていて、棺のそばには、ローソクの火が絶えない。

「その祭司の中にモーセとアロンとがあった。そのみ名を呼ぶ者の中にサムエルもあった」
（詩篇九九・六）

ミズパ　エルサレムの北に広がるベニヤミンの嗣業の地を一望に見渡すことができる。

シロ　契約の箱を安置した聖所「会見の幕屋」が立てられた。主の契約の箱がペリシテ人に奪われた日、老祭司エリも死に、シロにあった聖所のともしびは消えた。

サムエルの墓(前ページ)　サムエルの許には預言者が集まり、ナヨテと呼ばれる預言者塾ができた。今も彼の墓には参拝者が絶えない。

シロの遺跡

エルサレムとシケムを結ぶ幹線道路から、右手に二キロ程入り込んだエフライムの山あいにシロの遺跡がある。現在、この遺跡のすぐ東隣の山腹に、熱心なユダヤ教徒たちが新しい村を作って住んでいる。村の入口には、村民が交代で門衛として立っていて、村に入ろうとすると用件を聞かれる。夕方になると、この門衛も祈禱書を広げて祈っていた。

シロの遺跡は、テルの中腹ぐらいの所で、まだ発掘が続けられている。

夕日が西の空を赤く染めるころ、このテルの上にたたずんでいると、聖書の物語が思い出されて、不思議な感動が込み上げてくる。

神殿に仕える幼いサムエルは神に呼ばれたのを、祭司エリに呼ばれたと思い、走って行って「はい、ここにおります」と答えたところ、エリは「私は呼ばない、帰って寝なさい」と言う。三度こういうことが続いたとき、エリは神がサムエルを呼ばれたことに気づく。サムエルは四度目に声を聞いたとき、「しもべは聞きます。お話しください」と神に答えた。このとき以来、サムエルは生涯、神に聞き従いイスラエルを導く偉大な預言者となっていった。

初代の王サウル

エルサレムから約五キロ北へ行ったギベアの町に、ベニヤミン族のサウルという美しく、たくましい若者がいました。

ある日、父親の大事にしていたロバがいなくなったので、そのロバを捜しに出かけました。

さて、その前日のことでした。神はサムエルに告げました。

「一人のベニヤミンの若者を遣わそう。その若者に油を注いで、イスラエルの王にせよ」と。

一方、サウルは名高い預言者サムエルが近くにいるのを知って、彼を訪ねました。そのサウルこそ、神のお告げを聞いたサムエルが待っていた若者でした。（サム上九・一〇）

現在、「テル・エルフル」と呼ばれている小高い丘が、サウルの故郷ギベアの遺跡です。

サウルが王位に就いて、この町を再建し都にしましたが、後にローマ軍によって破壊され、今は廃墟にその面影を偲《しの》ぶだけです。

サウルは武勇の士でした。最初に、彼がアンモン人に勝利した時、イスラエルの人々は、

ギベア　サウル王は王国の首都をこの丘に定めた。頂上にはヨルダンのフセイン国王の離宮が建設途中で放棄されている。

ギルガルにおいてサウルを王位につけました。
　こうしてイスラエル初代の王になったサウルは、ミクマシにおいて強敵ペリシテ人の軍を打ち破りました。
　この時、サウルの息子ヨナタンが、敵の背後をついて大活躍したことは、よく知られています。

（サム上一四章）

ミクマシ　ヨナタンは一人の若者を従え右手セネの断崖を下り、左手ボゼヅの崖をよじ登ってペリシテ人の背後をついたという古戦場。

エフライムの山地　サウルの出身地ベニヤミンの地を望む。中央の丘はギベオン。

ミクマシ

サウルの子ヨナタンの信仰と勇気を表わすミクマシの戦いの現場を、大きな期待をもって訪れた。エルサレムの北東約一二キロの地点にアラブ人の小さな村「ムフマース」（ミクマシ）がある。三千年前の地名が現在もこうして残っていることに驚く。

さて、この村から少し引き返して、ミクマシ川（水のないワジ）にそって蛇行しながら東に四〇分ほど歩いたあたりで、急に両側の断崖が押し迫ってくる。この所に違いない。

「ヨナタンがペリシテ人の先陣に渡って行こうとする渡りには、一方に険しい岩があり、他方にも険しい岩があり、一方の名をボゼツといい、他方の名をセネといった。岩の一つはミクマシの前にあって北にあり、一つはゲバの前にあって南にあった」（サム上一四・四〜五）。

ボゼツ、セネと、名が付けられるほどに巨大な岩がそそり立っている。

ヨナタンが連れて行った武器をとる若者とは、一説に、若き日のダビデだともいわれている。彼が「わたしはあなたと同じ心です」とヨナタンのあとに従って、このそそり立つ断崖を降り、また、よじ登って行ったのかと想像しながら見上げていると、岩間に二人の姿が見え隠れするようであった。

第一次大戦のとき、ここでトルコ軍と対峙したイギリス軍が、聖書の記事を読んで、ヨナタンの奇襲作戦をそっくり真似て、トルコ軍を敗走させたことは有名な史実である。

セネの断崖　ヨナタンが下っていった岩間。

ダビデ王 国を統一

戦いに明け暮れていたサウルでしたが、ある日、神の命令に背いてしまいました。

神は預言者サムエルを呼んで告げました。「ユダの地ベツレヘムのエッサイという男の家に行き、その子たちの一人に油を注げ」。

神に選ばれたのは、ダビデという羊飼いの少年でした。　（サム上一六章）

ベツレヘムは、エルサレムから南に七キロ行ったところにあります。ここは「パンの家」という名が示すように、羊を飼う青草にめぐまれ、オリーブと小麦が豊かにしげる、美しい山地の町です。

油注ぎとは、神の霊が注がれることの象徴です。王が即位するときは、祭司からこの儀式を受けたと言われています。

ベツレヘムから西に二四キロ行くと、エラの谷があります。ここは、イスラエル軍とペリシテ軍が戦った古戦場として有名です。

少年ダビデが石を投げて、ペリシテの巨人ゴリアテを打ち倒した、あの有名な物語の舞台になった所です。　（サム上一七章）

ダビデはサウル王に召しかかえられました。

琴の巧みなダビデは、琴を弾いて王をしばしば慰めたということです。

エラの谷　少年ダビデは谷の向かいに立つ大男ゴリアテに向かって叫び、戦いをいどんだ。

ダビデがゴリアテに投げた白いなめらかな石は今もエラの谷に多くある。

羊飼いの野　ここで預言者サムエルは羊飼いの少年ダビデに油を注いだ。山上はベツレヘムの町。周辺にはオリーブ林がひろがる。

ベツレヘム

ベツレヘムは標高七七〇メートルの山の上にある町である。東側には広大なユダの荒野、西側には、果樹園、林などが広がり、ベツレヘムを境として東と西の自然は極端に異なる。

そのため、ベツレヘムは東の遊牧民と西の農耕民との接触点であり、時には荒野からやってくる盗賊が農民たちを襲うこともあった。

ベツレヘムとは「パンの家」の意味で農産物の豊かな所だが、時には旱《かん》ばつに襲われた。これがルツ記の冒頭にあるエリメレク一家のモアブ行きの物語の背景である。

モアブの女ルツは、しゅうとめのナオミに「あなたの民は私の民、あなたの神は私の神」と言い、生まれ故郷を捨てて、ベツレヘムにやって来た。やがて不思議な縁でエリメレクの親戚ボアズに嫁《とつ》ぐことになった。ボアズもエリコの遊女ラハブの子であったが、二人から生まれたのが、ダビデの祖父オベデである。ユダヤ民族は血統を非常に重んずるが、それ以上に強いのは信仰の嗣《ゆず》りである。

ダビデに油を注ぐためにベツレヘムにやって来た預言者サムエルは、エッサイとその子たちに「犠牲の場所に来なさい」と告げている（サム上一六・五）。ベツレヘムに犠牲を捧げる場所があったという一句から察すると、この時代、ベツレヘムは宗教的に重要な場所であったに違いない。

油注がれたダビデ

ダビデは、サウルに続く二代目のイスラエルの王である。イスラエルの王国制度が他国と異なる点は、世襲制ではなく、神から油注がれた者が王となるという、徹底した〝神主主義〟とも言える信仰に基づいているところにある。

預言者サムエルから油を注がれたダビデに、主の霊は激しく臨んだ。それ以来琴を巧みにかきならすダビデの評判は一躍有名になり、悪霊に悩まされる王に琴を弾いて聞かせるため、王宮に連れてこられた。

サウル王はダビデを愛し、「自分の武器を持つ者とした」（サム上一六・二一）。ダビデは非常に人気のある軍事指導者ともなった。しかし、そのことに嫉妬したサウル王はダビデの生命を狙《ねら》った。ダビデはサウル王のもとから逃れ、ユダの荒野を転々とさ迷ったのである。

ルツ物語の背景となったベツレヘムの麦畑

by Olam Hetanach

メギドで発掘された油注ぎの角。象牙でつくられている。（イスラエル博物館蔵）

ユダの荒野を行く羊飼いの少年。聖書時代から家畜の世話は子どもの役割であった。

羊飼いの道具　左から、山刀、笛、野獣から羊を守るための投石器。

羊飼い

旧約聖書に登場する有名な人物の多くが羊飼い出身であったのは面白い。

族長アブラハム、イサク、ヤコブをはじめ、モーセ、そしてダビデ王も羊飼いであった。

羊飼いは、自分の羊の一匹一匹の特徴をよく覚え、それぞれに名前をつけ、まるで人間に語りかけるようにして、羊を大事にする。そして、その一匹の羊をも失わないよう自分の命をかけて守り抜くのが任務であった。

羊飼いの一番の敵は、羊を狙う野獣である。

ダビデはサウル王の前で「しし、あるいは熊がきて、群れの小羊を取ったとき、わたしはそのあとを追って、これを撃ち、小羊をその口から救い出しました」と言っている（サム上一七・三四〜三五）。野獣と戦うために、羊飼いの最も有効な武器は投石器であった。この投石器は古代の戦争では兵器としても使用され、投石距離は二百数十メートルに及んだといわれる。

また羊飼いは杖《つえ》とこん棒を持っていた。先の曲がった杖は羊を導くものであり、こん棒は野獣と戦うためであった。ダビデが巨人ゴリアテに向かって行ったときも、重いよろいを脱ぎすて、このこん棒と投石器だけを持っていた（サム上一七・四三）。

現在もベツレヘムの羊飼いの野で、アラブの子供たちが羊を飼育している光景に、三千年前の少年ダビデの姿を見るようである。

サウルに仕えたダビデは、次第にその武勇の名をとどろかせ、また人望の上でもサウルをしのぐようになりました。それを妬《ねた》んだサウルはダビデを殺そうとします。

（サム上一九章）

ダビデがサウルから逃れて身を隠したのは、ユダの荒野でした。ダビデを慕う人たちの協力を得ながら、その逃避行は幾年にも及びました。

しかし、その人なき地をさ迷う放浪の苦しみが、ダビデの信仰を磨き強めたのでした。ユダの荒野にあったとき、ダビデは多くの詩を詠んでいます。神を信頼する心から生まれたダビデの詩集は、後に神殿の賛美歌に用いられていますが、旧約聖書の中の最も美しい信仰の詩だということが出来ます。

その一つ、詩篇五七篇です。

神よ、わたしをあわれんでください。
わたしをあわれんでください。
わたしの魂はあなたに寄り頼みます。
滅びのあらしの過ぎ去るまでは、
あなたの翼の陰を
わたしの避け所とします。
わたしはいと高き神に呼ばわります。
わたしのためにすべての事を
なしとげられる神に呼ばわります。
神は天から送ってわたしを救い、

わたしを踏みつける者を
はずかしめられます。
すなわち、神はそのいつくしみと
まこととを送られるのです。
神よ、わたしの心は定まりました。
わたしは歌い、かつほめたたえます。
わが魂よ、さめよ。
立琴よ、琴よ、さめよ。
わたしはしののめを呼びさまします。
あなたのいつくしみは大きく、
天にまで及び、あなたのまことは
雲にまで及びます。

ユダの荒野

荒野

荒野（ミドバル）とは語源から〝羊を養う〟という意味があり、年間降水量が四〇〇ミリ以下のステップ地帯を指し、雨季になれば家畜を放牧する程度の草がいたるところに生える場所をいう。

ユダの荒野の特徴として、平坦な地面でなく無数の小さな山の塊が集まり凹凸状に変化した地帯である。

エルサレムから近い荒野であるため、いつの時代にも迫害を受けた者や反乱者や愛国者、修道僧たちが逃れてきた。

石灰岩でできた山には、あちこちに天然の洞穴がある。ダビデがサウル王の手を逃れてここにいたとき、しいたげられている人々、負債のある人々、心に不満のある人々も彼の許に集まってきた。その数は四百人だったという（サム上二二・二）。不遇な時代に神を見上げて祈るダビデの姿に、人々の心は引きつけられたことであろう。紀元後、このユダの荒野はキリスト教の修道僧の修行の場となり、多い時には数万人の隠遁《いんとん》者がいたという。

ユダの荒野は、今も三千年前と変わらぬたたずまいを見せている。

エン・ゲディ

ユダの荒野を東にいくと死海にぶつかる。このあたりは、非常に険しい絶壁になっている。エルサレムやヘブロンなどで降った雨水が地下水となり、からからに乾き切った死海のほとりに泉となって湧き出している。このエン・ゲディは、死海のほとりの最大のオアシスである。

ダビデがサウル王に追われ、この近くのほら穴にひそんでいたとき、用足しをするためにサウル王が入ってきた。ダビデにとって、仕返しのチャンスだったが、「主が油を注がれたわが君に手を下してはならない」（サム上二四・六）と言い、血気にはやる家来たちをおし止めた。ダビデは気づかれないようにサウル王の着物のすそを切り取った。サウルがほら穴を出ていったあと、ダビデはサウルを呼びとめ、その切れ端を見せながら、自分の生命をねらう王に対しても変わらぬ忠誠心を持っていることを語ったとき、さすがのサウルも大声をあげて泣いた（サム上二四章）。旧約聖書の感動的な一コマである。

エン・ゲディとは「小山羊《やぎ》の泉」の意味で、野生の山羊が多数生息している。ここには湧き水が集まり、滝となって流れ落ち死海に注いでいる。その名も「ダビデの滝」と呼ばれて親しまれている。

冬でも、このあたりの日中は暑く、滝つぼの辺りで水遊びをする家族づれや、若者たちで一年中賑わっている。

「高き山は、やぎのすまい」(詩篇104・18) といわれるように野やぎは高い岩山を軽々と登っていく。

エン・ゲディの谷　不毛の死海沿岸に生命の水が流れているのは感動的である。

ユダの荒野

撮影期間中、最も足繁く通った所は、オリブ山とユダの荒野であった。最初のうち、ユダの荒野を見渡せる場所を見つける事が出来ずに焦っていた。そんなある日、ワジ・ケルトの谷に湧く泉を見に出かけた。小さな峠を越えたとき、突然視界が開けた。

朝日を受けて、黄金色に輝く荒野が視界一杯に広がっている。左手、海抜八〇〇メートルのエルサレムから、右手のエリコの方へ、そして海面下四〇〇メートルのヨルダンの低地まで、その標高差一二〇〇メートルをうねりながら駆け降っているユダの荒野。しばらくその荘厳な美しさに見とれて、立ちすくんでしまった。この荒野こそ聖書が生まれた舞台である。エリヤ、エレミヤ、アモスなどの預言者たちは、この荒野で神の声を聞いた。ダビデは苦しい逃避の日々をこの荒野で過ごし、感動的な信仰詩を数多く歌っている。

この後、朝に夕に心ひかれてこの場所を訪れるようになった。強風が吹き荒れる日もあり、また、時には羊飼いの少年の吹く笛が、遠い谷底から響いて来る長閑《のどか》な日もある。

岩に腰をおろして目をつぶると、預言者イザヤの言葉が風の中から聞こえてくるようであった。

「呼ばわる者の声がする。荒野に主の道を備え、砂漠にわれわれの神のために大路をまっすぐにせよ。もろもろの谷は高くせられ、もろもろの山と丘とは低くせられ、高低のある地は平らになり、険しい所は平地となる。こうして主の栄光があらわれ、人は皆ともにこれを見る。これは主の口が語られたのである」（イザ四〇・三～五）。

ダビデの滝

エズレル平原の南端に、東西一八キロにわたる不毛の山、ギルボア山があります。ここでサウルと、その子ヨナタンはペリシテ人と戦って戦死しました。ダビデは彼らの死を嘆き悼《いた》んでうたいました。

「ギルボアの山よ、
露はおまえの上におりるな。
死の野よ、雨もお前の上に降るな。
ああ、勇士たちは倒れた。
戦いの器はうせた」。　（サム下一章）

ギルボア山で死んだサウルと、その子三人の死体は、ギルボア山から一〇キロほど東にあるベテシャンの城壁に吊《つ》るされました。

ベテシャンは紀元前三千年の頃から現代まで、ほとんど絶えることなく、人の住んできた町です。

ベテシャンとは、″休息の家″という意味ですが、隊商街道に面した宿場町として栄え、エジプトがパレスチナに遠征したときは、度度その支配下におかれました。

古代イスラエルの歴史を知る上で、重要な宝庫とも言えるのがベテシャンです。

この町が極めて要塞堅固な町だったため、イスラエル人はカナン侵入後も、ここを占領できなかったと旧約聖書は伝えています。

ヘブロン。

アブラハム以来なじみのこの町は、再び登

不毛の山ギルボア　サウルとヨナタンの死を悼んで、ダビデは「ギルボアの山よ、露はおまえの上におりるな」とうたった。

場します。
　サウルの死後、民の長老たちによって王に選ばれたダビデは、七年半ヘブロンにいて、ユダ地方を治めました。　　（サム下二章）
　しかし、ヘブロンは南に寄りすぎているため、ダビデは都をもっと中央に移そうと考えました。

テル・ベテシャン　ペリシテ人は、サウル王の遺体をベテシャンの城壁にくぎづけした。

岩間のシクラメン　不毛の山ギルボアも雨季には野生の草花が咲き乱れる。

ベテシャンの円形劇場　ローマ時代の劇場で5000人収容できる。今世紀になって発掘。

ベテシャン

ベテシャンは「海の道」の途上にあり、各時代を通じて商業的にも、軍事的にも重要な町であった。

ベテシャンとは「休息の家」の意味であるが、この名の起源は昔「休息（シャン）」の神をここで崇拝したところからつけられたといわれる。

発掘によって二つの神殿跡が見つかり、シャンの神とその配偶神を祀《まつ》ったものであることが判明した。その一つが、サウルのよろいが置かれた「アシタロテ神殿」（サム上三一・一〇）であると思われる。

また、メカルと呼ばれたバアル神の石碑も発見され、「ベテシャンの主、大いなる神メカル」と記されている。

ベテシャンは、紀元前一五世紀頃からエジプトによって占領されていた。そして、セティ一世の遠征の時（前一三〇三年）エジプト軍がこの地を攻略したことを記した石碑が発見された。この記念碑は現在エルサレムのロックフェラー博物館に保存されている。

紀元前一四世紀から約三百年間、ベテシャンはエジプトの支配下に置かれていたが、それ以後はペリシテ人が占領した。そしてサウルとその三人の子たちは、ペリシテ人によってこのベテシャンの城壁に吊《つ》るされたのであった。

ギルボア・アイリス　大きな紫色の花をつけるアイリスはギルボア山にだけ群生する。

花のギルボア山

ヨナタンの死を悼《いた》んでダビデがうたった「弓の歌」にあるように、乾季のギルボア山は、茶色の山肌と白い石灰岩の岩肌を見せていて、いかにも枯れ果てた不毛の山にみえる。

しかし、雨季に入ると様相は一変する。とくに二月頃になると、シクラメン、アネモネ、そしてこの山でしか咲かないギルボア・アイリス等々が、次々と咲き競う生気あふれる山となる。この花々の寿命は短く、毎週咲く花が変わる。野生のチューリップも、初めてこの山頂で見ることが出来て感激した。

石灰岩のゴロゴロする山頂付近も、この季節はピンクや赤、紫、白などの名も知れぬ花が咲き誇り、大変美しい。野生の鹿が十数頭群れをなして走り、花の下には直径二十センチほどの甲羅の高い亀が散歩していたりする。恋なすびの花も数多く見ることが出来る。

またギルボア山頂からは、イスラエルで最も肥沃なエズレル平原の美しい耕作地を、一望のもとに見渡すことができる。キブツが一番多く散在している平原でもある。すぐ麓にはヘフチバ、ベイトアルファ、ニールダビッドなどのキブツの家々が森かげに見えかくれしている。イスラエル独特の植物（栽培植物の原種が多い）を観察するには、メロン山やカルメル山に並んで、このギルボア山は大切な場所とされている。

そしてダビデは、南北の境にあったエブス人《びと》の町エルサレムを征服して、自ら〝ダビデの町〟と呼びました。　（サム下五章）

それは南北約三八〇メートル、東西一二〇メートル、南に向いて靴のような形をした町でした。三方が谷で囲まれ、たいへん守りの堅い町でもありました。

三千年昔の遺跡を探ろうとして、今も考古学者による発掘が続いています。興味深いのは、その発掘によって、聖書の記述が次々と実証されていることです。

ダビデ時代のエルサレムは、今のエルサレムのほんの一部ですが、それでもサウル王のギベアの四倍もある、堂々たる要塞都市でした。

ダビデの軍がエブス人《びと》を攻めた時、水を汲み上げるたて穴を上ってエルサレムに入ったと聖書は記しています。

このたて穴は、発見者の名にちなんで、「ウォーレンのたて穴」と言われています。

城内から、城外のギホンの泉に通ずるエブス人の秘密の通路がありました。このたて穴を、ダビデの兵士は逆に上って行きました。

ダビデは、「神の箱」をモリヤの丘にすえ、これによってエルサレムは信仰の中心ともなったのでした。

ダビデの塔。あまりに美しいたたずまいの

ダビデの町　前方に見える神殿の手前、道で囲まれたところがダビデの築いた町である。

ため、一つの伝説が生まれました。宮殿の屋上からダビデが美女バテセバの水浴びを見た、その塔だという伝説です。しかし、この塔は、実際には後年建てられたもので、ダビデとは直接関係ありません。　（サム下一一章）

ダビデ王はペリシテ人を打ち破って、民族を救った偉大な王でしたが、時には大失敗をしたり、罪を犯したり、たいへん人間的な王でもありました。

しかし、その度に自分の罪を深く悔いるダビデを、神は「悔いた魂をかろしめられない」として許したといいます。神の喜ぶのは、いつも純粋で素直な人間の姿なのでした。

（詩篇五一篇）

エルサレムのケデロンの谷に「アブサロムの塔」といわれているものがあります。これも実際には後の時代の石碑です。

ダビデはさまざまな人生の試練を経験した王でした。息子アブサロムに背かれて、ヨルダンの東にまで逃げて行くという、辛い目にも遭いました。しかし、逆にダビデの部将ヨアブに殺されたアブサロムをダビデは深く嘆き悲しみました。　（サム下一五～一九章）

ダビデの塔　ある日の夕暮れ、ダビデは屋上から水浴びする女を見た。実際は中世時代の塔。

エブス人の城壁　エブス人は難攻不落の城壁を誇り、ダビデが攻め入ることはできないと思っていた。ケニヨン女史によって発掘。

ウォーレンのたて穴　ダビデの軍は水を汲み上げるたて穴を上って、エブス人の町を落とした。最近一般にも公開された。

ダビデの町(復元図)　ダビデはエブス人の町を拡張し、周囲に城壁を築いた。聖都エルサレムの初め。

神の箱　ダビデは神の箱をエルサレムに置き、民族と宗教の統一を計った。

アブサロムの塔　父ダビデに反逆したアブサロムは、わがままな子の象徴となっている。人々はこの塔に石を投げつけ反逆者の末路を子供たちに教える。

琴を奏でるダビデ王

ダビデは、もともと羊飼いの少年でした。そんな身が王位につけたのも、自分の羊飼いである神のお陰であると、ダビデは喜びうたいました。

主はわたしの牧者であって、
わたしには乏しいことがない。
主はわたしを緑の牧場に伏させ、
いこいのみぎわに伴われる。
主はわたしの魂をいきかえらせ、

み名のためにわたしを正しい道に
導かれる。
たといわたしは死の陰の
谷を歩むとも、わざわいを恐れません。
あなたがわたしと共におられるから
です。
あなたのむちと、あなたのつえは
わたしを慰めます。
あなたはわたしの敵の前で、
わたしの前に宴を設け、
わたしのこうべに油をそそがれる。
わたしの杯はあふれます。
わたしの生きているかぎりは必ず
恵みといつくしみとが伴うでしょう。
わたしはとこしえに主の宮に住むで
しょう。

（詩篇二三篇）

歳月が流れ、ダビデも年老いました。四〇年の治世を終わろうとしていたある日、ダビデは預言者ナタンを呼んで、ソロモンに油を注がせ、彼を次の王にしました。（列上一章）

シオンの丘の上、その一角にある建物の小さな部屋に、ダビデ王のものと伝えられる墓があります。列王紀に、「ダビデはその先祖とともに眠って、ダビデの町に葬られた」とあります。

死の陰の谷　ユダの荒野にはいくつも深い谷がある。目がくらむような崖の上でも羊飼いは上手に羊を先導する。

大統領官邸の迎賓の間

大統領官邸のステンドグラス

エルサレムにある大統領官邸のレセプション・ルームを飾るステンドグラスには、聖書に登場する三人の人物が描かれている。

左端はヤコブが天使と相撲《すもう》をとっている場面で、このとき以来ヤコブは、イスラエルという名を与えられる。これは『イスラエル』の起源を象徴している。

中央には羊に囲まれたダビデ王が立琴を奏でている場面が配されている。言うまでもなく、ダビデ王はエルサレムに都をさだめて国の統一を計った王であり、この絵は『イスラエル国家の基』を象徴している。琴の音にあわせて角笛《ショファール》が吹きならされ、ダビデの髪にはオレンジが実り、それを乙女が収穫している。天空にはエルサレムが浮かび、永遠を意味する孔雀《くじゃく》が舞っている。さらに詩篇一二二篇より「エルサレムよ、われらの足はあなたの門のうちに立っている」という詩が書かれている。

右端のステンドグラスは、エリヤが火の車と火の馬に乗って天に昇る場面である。メシヤの到来に先だって、エリヤが再来するという予言に託し、『未来に対する希望』を象徴した絵である。

重要な国の行事を行ない、外国からの賓客を迎える官邸の広間を、この絵を透過した光が和《やわ》らかく照らしていた。

作者はイスラエルの著名な画家ルーベン・ルビンである。

ダビデの町で発見された墓。ダビデ王の墓という説もある。

ダビデの墓　シオンの丘に眠るダビデの墓には「イスラエルの王ダビデは今も生く」と祈りをこめた刺繍がかけられている。

ダビデの墓

「ダビデはその祖先と共に眠って、ダビデの町に葬られた」（列上二・一〇）

とあるからには、ダビデの町の中にその墓はあったことになる。

シロアムの池からアラブ人の住宅を通り抜けて少し登った所に、岩盤をくり抜いて作った巨大な古代の墓穴が見える。二本並行して掘り抜かれた墓所は、奥行一五メートル、幅二メートル半ほどある。これがダビデの墓ではないかと言われる。考古学的確証はないので明言はできないが、発見者の名から「ヴェイルの墓」と呼ばれている。現在シオンの丘にあるダビデの墓には、参詣者が絶えることがない。

ソロモンの栄華

ソロモンはダビデの遺志を継いで、モリヤの山に壮大な神殿を築き、民族の宗教的中心地にしました。神殿を建て始めたのは、出エジプトから数えて四八〇年後、ソロモンが王となって四年目の年でした。そして、七年の歳月をかけて完成させたのでした。

モーセがシナイ山で神と契約した時、その証しを刻んだ石を納めた箱を、至聖所に置きました。このとき至聖所に雲が立って、主の宮は主の栄光に満たされたと聖書は記しています。（列上八章）

ダビデの後を継いだソロモンは父にも増して賢く、神に愛された王でした。ソロモンは自分の長生きも富も求めず、民を正しくさばく知恵を求めたので、神は更にソロモンの求めなかった富と名誉も祝福しました。

今ソロモンが建てた神殿の中で残っているのは、この外壁の一部だけです。しかしこれも伝説で、現在見えるものは、ヘロデ大王が神殿を大改築した際の「西の壁」の一部分で、壁自体はさらに下へ二一メートルも続いていると言われます。

エルサレムの神殿（ホーリーランドホテルの模型）ソロモンが最初に建てた神殿を第一神殿と呼ぶ。

紀元七〇年の神殿崩壊後、ユダヤ人にとって最も聖なる場所となって、彼らは長い苦しい流浪の身にありながらも、この壁に来ては自分たちの運命の回復を祈り続けました。

朝ごとに壁が夜露に濡れて泣いているように見えるので、〝嘆きの壁〟とも呼ばれるようになりました。

仮庵の祭り　はこやなぎ、ミルトス、なつめやしの枝とエトログの実をもって出エジプト後の荒野の生活を偲び、西の壁で祈るユダヤ教徒たち。

第二神殿崩壊後、神殿の丘の「西の壁」はユダヤ人にとって最も聖なる所となっている。

ソロモンの神殿

ソロモンはツロの王ヒラムから建築技術者を雇い、レバノン産の木材を輸入して、七年がかりで神殿を建立した。

そのため、ソロモンの建てた神殿は、中近東の他国にもみられる神殿とよく似ている点が多い。

神殿の構造は、三つの部分（玄関、本殿、至聖所）からなり、他国の神殿では、この至聖所に偶像が置かれていたが、ソロモンの神殿には、神の契約の箱が置かれた。

ソロモン献堂の祈り

「あなたが『わたしの名をそこに置く』と言われた所、すなわち、この宮に向かって夜昼あなたの目をお開きください。しもべがこの所に向かって祈る祈りをお聞きください。しもべとあなたの民イスラエルがこの所に向かって祈る時に、その願いをお聞きください。あなたのすみかである天で聞き、聞いておゆるしください」（列上八・二九～三〇）。

ソロモンは神殿を神の住まいとしたのではなく、神の御名が置かれる場所として、イスラエルの人々のみでなく、異邦人も唯一の神に向かって祈れる「祈りの家」となることを願った。

「あなたの名のために遠い国から来る異邦人がきて、この宮に向かって祈るならば、あなたは、あなたのすみかである天で聞き、すべて異邦人があなたに呼び求めることをかなえさせてください」。

（列上八・四一～四三）

嘆きの壁

ユダヤ人にとって、最も聖なる場所が神殿の西側に

西の壁　昼も夜も祈る人が絶えない。

あたる壁で、別名「西の壁」とも呼ばれている。

伝説によれば、幾度も激しい戦いにあったエルサレムの中で、この壁だけはシェキナー（神の臨在）の雲に包まれて守られたという。

紀元七〇年エルサレムの神殿崩壊後、国を追われたユダヤ人は、毎年この壁に来て、祖国の運命回復を泣きながら祈り続けた。

一九四八年に、イスラエル国は独立したが、嘆きの壁は、ヨルダン領内にあった。それから一九年間、ユダヤ人はこの壁に近づくことを禁止されていた。

しかし、一九六七年六月七日、イスラエル軍によってこの壁が奪還され、千九百年ぶりに、再びユダヤ人の手に返された。

実にこの壁に込められた千九百年間の民族の祈りが、イスラエル国を再建せしめたのである。今もこの壁で祈る願いは必ず叶えられるという。ここに祈りに来る人々は、紙切れに願い事を記し、壁の石のすき間にはさむ。熱心なユダヤ教徒たちは、昼夜をおかず壁の前で敬虔な祈りをささげ、シオンの回復を神に感謝しメシヤの待望を祈っている。

この壁の前に立つと、祈りの力強さを教えられる。

海岸沿いのシャロンの野から、エズレル平原に至る、昔からの幹線道路「海の道」の拠点に、メギドという町がありました。

エジプトの王トトメス三世が、メギドに宣戦布告したと、古い文書に記載されている通り、たいへん古い城塞都市です。

有史以来、多くの戦いが、メギドを戦場として繰り広げられて来ました。

ここメギドもソロモンとゆかりの深いところです。

ソロモンは王国の防衛基地として、メギドを強固にし、戦車の町にしました。ここには戦車五〇〇両を入れられる厩舎《うまや》があったということです。

ここに立つと、幻の中に軍馬のいななき、剣げきの音が聞こえてくるようです。この遺跡テル・メギドほど、考古学的に興味深い所はありません。

紀元前四千年から、ずっとペルシア時代に至るまで、およそ二十の時代の異なった層が発見されています。

中近東の乾燥地帯では、人の住む所には必ず丘と泉がありました。

城の中から外の泉まで、巨大な地下トンネルが掘られ、水源を確保した上で、堅固な要塞を築いたのでした。

また、新約聖書が記す世界最終戦の戦場、

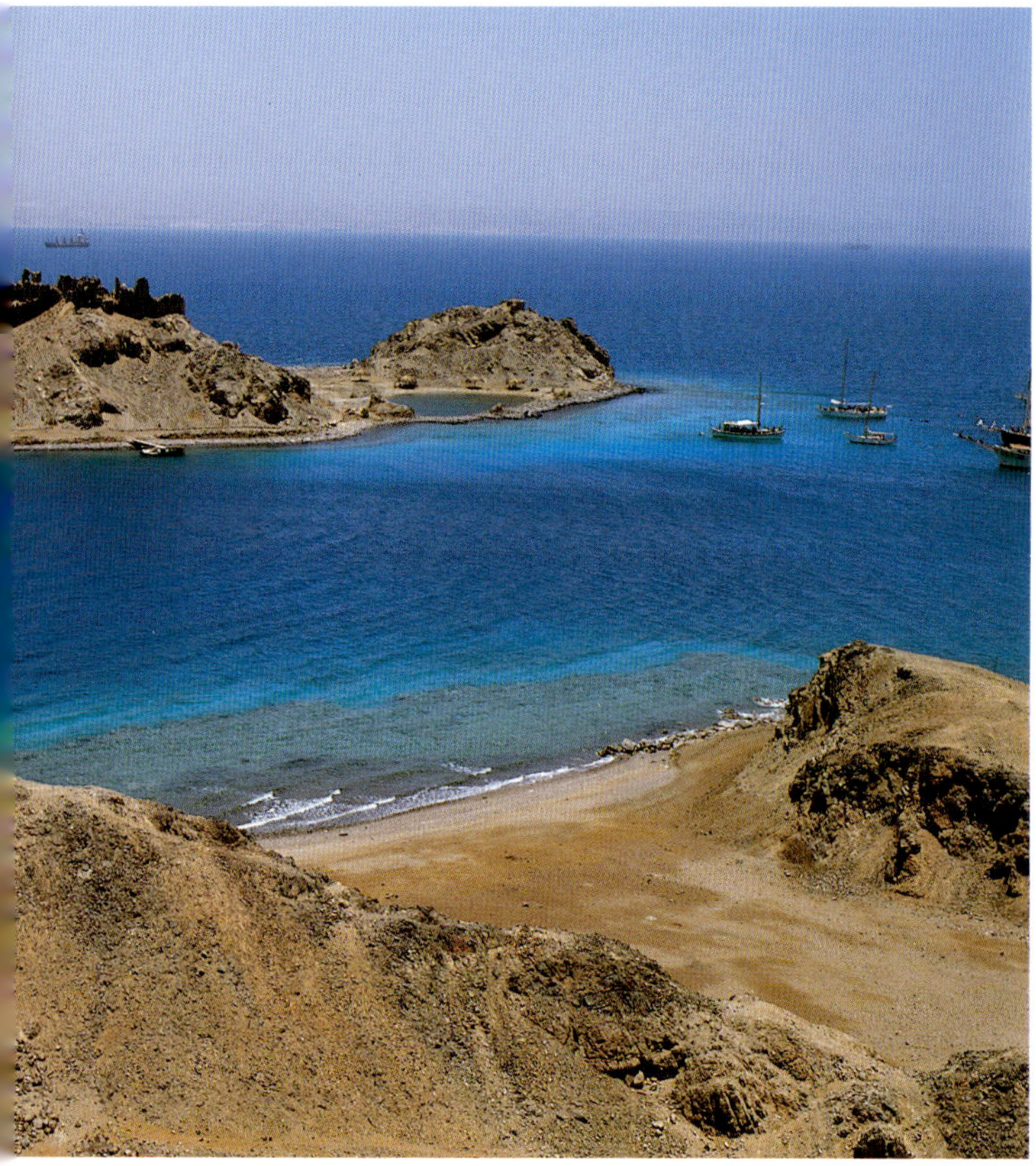

メギドの水道トンネル（右上）

カナン人の祭壇（右）

「ハルマゲドン」というのは、ハル・メギド、即ちこのメギドを示しています。

エイラットは、シナイ半島のつけ根、紅海に面したアジア・アフリカへの玄関口です。古代からエジオン・ゲベルの名で知られたこの地に、ソロモンは港を設け、数隻の船を造って、盛んに南の諸国と交易をしました。

北部アラビアからシバの女王が、ソロモンの富と知恵を試しにやって来たとき、ここエイラットに上陸して、陸路エルサレムに向かったと言われています。シバの女王が献上した香料は、今までの貢ぎ物とは比較にならない量であったということです。

ソロモンはまた、このエイラットの北二五キロの谷に、銅の溶鉱炉もつくったといわれています。その跡は今も昔を偲ばせています。ここは銅の採掘トンネルの入口です。

近年まで三千年昔と同じところに、ソロモンの子孫たちが、新しい銅の精製工場を営んでいました。

四〇年の治世を終えて、さしもの栄華を極めたソロモンも寿命には勝てませんでした。

「ソロモンは先祖とともに眠って、父ダビデの町に葬られ、その子レハベアムが代わって王となった」

と列王紀は、その死を簡潔に語っています。

（列上一一章）

エジオンゲベル（上）　ソロモンが開いた貿易港。エイラット近くの島、コーラルアイランドともいう。城塞は十字軍時代のもの。

ソロモンの銅山　高さ約30メートルもある巨大な岩の塊に囲まれて、奴隷は強制労働を強いられた。

メギド

古代からメギドは、イスラエルにある重要な町の一つとして知られている。それはエジプトとアッシリアを結ぶ「海の道」の途上に位置していたので、戦略上重要な拠点であった。

このメギドを征服した王様の数だけでも三十一の名があげられる。この交通の要衝は有史以来、いつも戦いの中心地となった。

ソロモン王は、イスラエル全地に十二人の代官を置いた。このメギドもその一つであり、堅固な戦車の町として栄えた。戦車用の馬はエジプトとクエ（小アジアのキリキヤ）から輸入した（列上一〇・二八）。

発掘の結果、厩舎《うまや》の跡が発見され、戦車用の馬を繋いだと思われる丸い穴のあいた石柱が今も残っている。これらは考古学的には、アハブ王時代のものらしい。

またメギドの遺跡で興味深いのは、「カナン人の導水坑」と呼ばれている大規模な給水用地下トンネルである。この水道トンネルは、城壁の外に位置している泉から地下の岩盤をくり抜いて、城内でも取水できるように造られている。これもイスラエル時代に入ってアハブ王によって造られたという説が有力である。

新約聖書は、メギドこそ霊的な世界最終戦の戦場となることを預言している。

「これらは、しるしを行なう悪霊の霊であって、全世界の王たちのところに行き、彼らを召集したが、それは、全能なる神の大いなる日に、戦いをするためであった。

これらの霊はヘブル語で『ハル・マゲドン』すなわち、『メギドの山』という所に王たちを召集した」（黙示一六・一四〜一六）。

エジオンゲベル

ソロモン王は王位についてから、隣国のツロやシドンとの摩擦を恐れて地中海諸国との交易を開かなかった。そのかわりに、南のアフリカ方面やインドの国々から、香油、香料、絹、宝石、金などの高価な商品を輸入するために、エジオンゲベルをイスラエルの海港として開発し強化した。

ソロモンの時代に諸外国との貿易は栄え、その後の時代において、ユダとエジオンゲベルを結ぶ隊商路にそって宿泊地が建てられた。このアラバの銅鉱採掘も外国との交易の発展とともに開発された。

ユダのアハズ王時代（紀元前七三三〜七二七年）にエドム人がこの南部の地方を占有してしまい、それ以来、エジオンゲベルとアラバの栄光は衰退する。

エイラット

エイラットはイスラエルの最南端に位置し、紅海のアカバ湾に面する港町である。アジア、アフリカ、オセアニアに向かって開かれたイスラエルの南玄関ともいえる。ここは国内で最も気温が高く、夏には四〇度を越えることも多いが、湿度が二〇〜三〇パーセントと低いため、人々はその暑さにも適応できる。

現在のエイラットの町は、一九四八年イスラエル建国後、ユダヤ人の帰還者によって造られた新しい町である。工業の盛んな砂漠の近代都市エイラットにとって水資源が重要な問題であるが、海水の淡水化計画の実施によって、地下水の不足を補っている。

真冬でも泳げるこの海岸には多くのホテルが建ち並び、世界中の観光客で賑わっている。

エイラット　紅海に面したイスラエルの南の玄関。対岸はヨルダン国、アカバの町。

七章　預言者の時代

北イスラエル王国

紀元前九二二年、ソロモンの死により、イスラエルは、南ユダと北イスラエルの二つの王国に分裂します。

そして二百年後、北イスラエルは、アッシリアに滅ぼされ、更に百数十年後の紀元前五八六年、南ユダ王国も、バビロニアによって滅ぼされてしまいました。

この約四百年の時代が旧約聖書における預言者と捕囚の時代です。エリヤ、エリシャ、アモス、イザヤ、エレミヤなどの預言者が出て、神の言葉を伝えました。

預言者の口を通して、神はある時は烈しい怒りを、ある時は激しい愛をあらわし、イスラエルの民の悔い改めを求めたのでした。

エルサレムから北に約七〇キロ行くと、サマリヤの遺跡があります。アラブの村セバスティアの近くです。サマリヤは、紀元前九～八世紀までの間、北イスラエル王国の都として栄えました。

この町の基礎を築いたのは、オムリ王とその子アハブ王で、オムリ王が、この土地を銀二タラントでセメルから買ったことに名前の由来があります。オムリがこの場所を選んで、都とした理由は、サマリヤが全く新しい土地で、北十部族を再統一するのに、たいへん適していたからでした。

オムリの子アハブは、そのサマリヤで二二年間イスラエルを治めました。アハブは「彼よりも先にいたすべての者にまさって、主の前に悪を行なった」と列王紀は書いています。

（列上一六章）

シドンの王の娘イゼベルを妻にし、その影響で、バアルの神殿を建て、バアルの神の祭壇を築きました。アハブの宮殿は「象牙の家」と言われたほど象牙細工で飾られ、その贅沢《ぜいたく》な生活は大変なものだったということです。

サマリヤの列柱通り（ローマ時代の遺跡）

アハブ王の宮殿跡

象牙細工　アハブ王の妻イゼベルの出身地フェニキヤ製のもので宮殿の家具や壁を飾っていた。

南ユダ・北イスラエル王国年表

南ユダ王国			北イスラエル王国		
王の名	年代(B.C)	預言者	王の名	年代(B.C)	預言者
レハベアム	928－911		ヤラベアムⅠ	928－907	
アビヤ	911－908		ナダブ	907－906	
アサ	908－867		バアシャ	906－883	
ヨシャファト	867－846		エラ	883－882	
ヨラム	846－843		ジムリ	882	
アハジヤ	843－842		オムリ	882－871	
アタリヤ	842－836		アハブ	871－852	エリヤ
ヨアシ	836－798		アハジヤ	852－851	
アマジヤ	798－769	イザヤ	ヨラム	851－842	エリシャ
ウジヤ	769－733		イェフー	842－814	
ヨタム	758－743		イェホアハズ	814－800	
アハズ	733－727		ヨアシ	800－784	
ヒゼキヤ	727－698	ミカ	ヤラベアムⅡ	784－748	アモス ホセア
メナシェ	698－642		ゼカリヤ	748	
アモン	641－640		シャルム	748	
ヨシヤ	640－609	エレミヤ	メナヘム	747－737	
イェホアハズ	609		ペカヒヤ	737－735	
イェホヤキム	609－598	エゼキエル	ペカ	735－733	
イェホヤキン	597		ホセア	733－724	
ゼデキヤ	596－586				

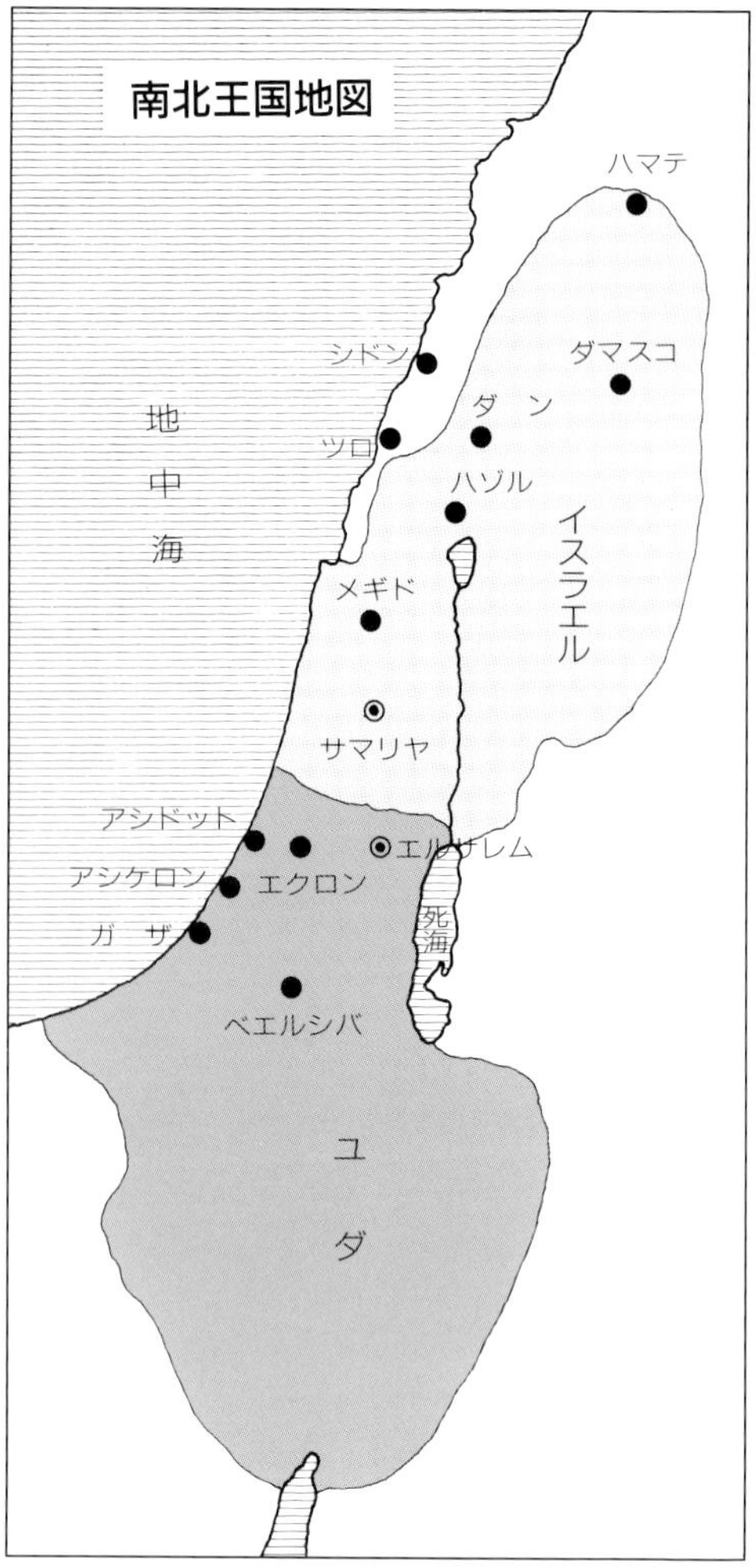

王国分裂

ソロモンが民に負わせた強制労働は非常に重く、これに対する民の怒りはやがて反乱となった。この反乱を率いたのが、ソロモンの家来で強制労働の監督をしていたヤラベアムである。ちなみに「ヤラベアム」とは〝民のために争う者〟の意味である。

ソロモンはヤラベアムを殺そうとしたが、ヤラベアムはエジプトへ逃れ、エジプト王シシャクのところへ避難して、ソロモンの死ぬまでエジプトにいた（列上一一・四〇）。

やがてソロモンが死に、その子レハベアムが即位したとき（紀元前九二八年）、エジプトから帰ってきたヤラベアムは北方諸部族を率いて北イスラエル王国を樹立した。

この時から紀元前七二二年に北イスラエル王国のサマリヤが滅亡するまで、南と北の二つの王国の間に争いが絶えなかった。

サマリヤ

発掘の結果、王朝時代の最初の層はオムリ王朝のアハブ王時代（紀元前八八二～八五二年）のものであることが分かった。宮殿の建築はオムリ王によって始められ、その子アハブの時代に完成した。それは、大宮殿と中庭を城壁で囲んだ要塞のような宮殿である。

また、王宮の建物の近くから無数の象牙細工が出土した。これらは隣国のフェニキア製のもので、当時アハブ王の王妃であったイゼベルの権勢の大きさと王室、貴族たちの贅沢《ぜいたく》な生活ぶりを見事に物語っている。

「わざわいなるかな、みずから象牙の寝台に伏し、長椅子の上に身を伸ばしている」（アモ六・四）と預言者アモスも、この「象牙の家」については厳しい非難の言葉をはいている。

サマリヤ　ヘロデ時代の広場。

アウグストス神殿跡　ヘロデ王はローマ皇帝アウグストスに敬意を表してここに神殿を建築した。

このアハブの前に、ある時何の前ぶれもなしに、一人の預言者が現われて、恐ろしいことを告げました。

「これから数年イスラエルには雨も露も降らない」と。その人は〝テシベ人《びと》のエリヤ〟と名のる預言者でした。エリヤはそう告げると、神の命ずるままにケリテ川のほとりに身を隠しました。　（列上一七章）

エリヤの出身地テシベは、ギレアデの山中にあったと言われています。

イスラエルの北の港町ハイファから、長さ二五キロにわたって南東に走る山脈が、カルメル山です。カルメルとは〝神のブドウ園〟という意味です。

あの預言から三年経った日、主は再びエリヤを召して、アハブのもとに遣わしました。エリヤはアハブに会って、カルメル山でイスラエルの神エホバと、異邦の神バアルと、どちらが真の神か、バアルの祭司たちと証し比べをしたい、と申し出ました。

エリヤが祈ると、天から火が降ったということです。エリヤは、バアルの祭司たちをキション川に連れ下って、打ち滅ぼしました。　（列上一八章）

それからエリヤは、ここアベルメホラに住むシャパテの子エリシャを召命して預言者としました。アベルメホラはベテシャンから南に一〇キロの所にあります。豪農シャパテの子に生まれたエリシャは、牛を引いて額に汗して働いていました。しかし、エリヤに召命されるとエリシャは直ちにエリヤに従い、彼に仕えました。　（列上一九章）

エリヤは、その生涯を賭けて、イスラエルの宗教の堕落と戦った預言者で、旧約聖書の中でも、最も偉大な人物の一人でした。

その後継者たることを自覚したエリシャは火の車に乗って昇天する師のエリヤに、どこまでもついて離れませんでした。そして、ついに「エリヤの霊がエリシャの上にとどまっている」と言われるほど、奇跡的な力を発揮する預言者になりました。

エリシャはイスラエルの各地をめぐり、民衆を愛し信仰の力を教え、また国の危機に際しては、王を励ましてイスラエル宗教の改革に努めました。

エリコにある泉は、その水を飲む婦人たちがよく流産をするので、人々は大変困っていました。その水をエリシャは良い水に変えたので、それ以来〝エリシャの泉〟と言われるようになりました。　（列下二章）

カルメル山頂のエリヤ像（左）

火の車に乗って天に昇るエリヤから霊の二つの分を嗣ぐエリシャ。マール・エリヤス修道院所蔵。（右）

ワジ・ケルト（上）　エリヤが身を隠したケリテ川とされたことから名づけられた。断崖に紀元 480 年頃に建てられたギリシア正教のコシバ修道院がある。

エリヤの洞窟（右）　エリヤがカラスに養われて隠れ住んだと言われる所でコジバ修道院の中にある。

アハブ王

北イスラエル王国のアハブ王は、隣国のフェニキア人との友好を深めるため、シドンの王の娘イゼベルを妃にめとった。

イゼベル王妃はフェニキアで育ったため、かの地の文化をイスラエルに持ち込み、やがては異国の宗教のバアル信仰をイスラエルの民におしつけ、国を改革しようとした。気の弱いアハブ王はイゼベルに抵抗できず自分の宗教を守り通せない。

民はそれまで自分たちの民族を支えてきたエホバの宗教と異国のバアル信仰にはさまれて、エホバの神を捨て去ろうとする人々も現われ、それはイスラエルの宗教にとって大変危ない時期だったともいえる。

預言者エリヤ

この時、彗星《すいせい》のごとくアハブ王の前に姿を現わし、民を真の神エホバに導いたのが預言者エリヤである。エリヤについての系図を聖書は何も述べていない。ただ「ギレアデのテシベに住むテシベ人」（列上一七・一）とだけ記している。このテシベ人を「寄寓者」と訳し、エリヤはユダヤ人ではなくイシマエル人（アラビア人）であっただろうという説もある。それほどエリヤという人物に関する資料は少ない。ただ神の僕として歴史の舞台に突然登場したのであった。

預言者エリヤは死を見ることなく神に召された。

ユダヤの伝承では、終わりの日にこの預言者エリヤが再来し、メシヤの到来を告げるという。

現在のユダヤ人の家庭やシナゴーグでは、預言者エリヤが突然再来しても、いつでも迎えられるようにと空席を一つ備えて、エリヤの座席を用意している。

カルメル山

カルメルとは〝ゲレム・エル〟の短縮形で「神の葡萄園」という意味である。

その名のごとく現代に至るまでこの山は、実り豊かなブドウの山地として有名で、今では、ここにブドウ酒工場が造られ「カルメルワイン」の商標で世界中に輸出されている。

カルメル山脈の長さは約二五キロメートルあり、高さは最高部で五四六メートルである。

こうした高い場所は、古代から聖なる場所として選ばれたが、このカルメル山にもエホバの祭壇があった。

この山でエリヤはバアルの預言者四五〇人とアシラの預言者四〇〇人、合計八五〇人に対決を挑んだ。対決は祭壇の上に一頭の牛とたきぎを置き、祈りに応えて火を降し焼きつくす神を真の神とする、という方法であった。

バアルの預言者たちは朝から夕まで祈ったが、何も起こらなかった。しかしエリヤがエホバの神の名を呼んで祈ったとき、備えていた祭壇に火が降り、エホバの神が真の神であることが証明された。

そしてエリヤは、カルメル山の麓を流れるキション川でバアルの預言者たちを殺した。

その後再びカルメル山の頂きに立ったエリヤは、七度雨乞いの祈りをした。そのとき海の方から人の手ほどの雲が見えたかと思うと、たちまち空が黒くなり大雨になったという（列上一八章）。

今もカルメル山の頂きに立つと、西のかなたに地中海を望むことができる。

しかし、この事件に怒ったイゼベルはエリヤの生命を狙い、それを恐れたエリヤは南のホレブの山（シナイ山）に向かって逃げた。

エリシャの泉　今も豊富な泉がエリコを潤している。

二頭のロバにくびきをかけて耕作する人。エリシャは12のくびきの牛をひいて耕作していた。

アベルメホラ

ホレブの山で、主の声を聞いたエリヤは、主から示されたことを行なうため、もう一度イスラエルへ帰った。それはアベルメホラのシャパテの子エリシャに油を注いで、エリヤに代って預言者とするためであった（列上一九・一六）。

エリシャはここで、十二くびきの牛をひいて畑を耕していたと記されているので、当時の農民としては豊かな家に育ったと思われる。働いているエリシャにエリヤは何も言わず、かたわらを通り過ぎながら外套をかけた。それがエリシャの召命であった。この時から彼は父母とも別れ、一切を捨ててエリヤについて行き、預言者としての道を歩み始めた。

ベテシャンから南へ十六キロほど行くと「メホラ」と呼ばれる開拓村がいまある。ここは、一九六八年に若者たちによってつくられた村で、聖書のアベルメホラの名にちなんだ名を採用した。そしてエリシャのような人物が、現代のイスラエルに起こることを願いつつ国を愛し、労働に励んでいる。

エリシャの泉

エリコの城壁の下に豊かにあふれるエリシャの泉がある。荒野の中に、オアシスの町「エリコ」を生み出した泉である。

恩師エリヤから霊の二つ分を受け継いだエリシャが最初に行なった奇跡は、流産が起こるといわれた泉の源へ塩を投げ入れて、水を清めたことである。

「こうしてその水はエリシャの言ったとおりに良い水になって今日に至っている」（列下二・二二）。

聖書の言葉どおりに、今でも清い水が溢れ続けるイスラエル最大の泉の一つである。

テコア出身の農夫アモスは、北王国イスラエルが物質におぼれ、精神を忘れたことに対して激しく怒り、エホバの正義を獅子のように叫んだ預言者でした。

「主なる神は言われる。
見よ、わたしがききんを
この国に送る日が来る。
それはパンのききんではない。
水にかわくのでもない。
主の言葉を聞くことのききんである」

（アモ八章）

ついに、北のイスラエル王国は、紀元前七二一年、サルゴン二世に率いられるアッシリア軍によって滅ぼされ、サマリヤは廃墟になってしまいました。

（列下一七章）

これはユダの町ラキシを攻めるアッシリア軍の様子を描いた浮き彫りですが、当時の戦闘の凄《すさ》まじさが描かれています。

北イスラエル王国の十部族は、アッシリアに連れ去られ、歴史の上から永遠に姿を消してしまいました。

テコア　預言者アモスの出身地。ベツレヘムの南6キロの所にあり、ユダの荒野を見下ろす丘陵地。アモスはここでいちじく桑の木を栽培していた。

ラキシを攻めるアッシリア軍　ニネベのアッシリア王宮から発掘されたレリーフ。

テル・ラキシ　アッシリア王セナケリブの遠征で攻略されたユダの町。

テル・ラキシ

テコア

ベツレヘムから南へ七キロ程の地点に、「テコア」と呼ばれるアラブ人の村がある。

ここは預言者アモスの出身地である。

アモスは、当時の神殿にいた職業預言者でもなく、また預言者の子供でもなかった。「いちじく桑《くわ》の木」を栽培する一人の貧しい農民だった（アモ七・一四）。そのアモスに神は「イスラエルの民へ預言せよ」と命じられた。

アモス書を読んでも分かるように「主はこう言われる」の書き出しが多く、そこには神を中心に生きた一人の牧者の姿が如実に記されている。

このように預言者とは、未来を占う易者のたぐいでなく、神の代弁者であり、自分の生命を賭けて神の言葉を王に対し、また民に対して語り続ける者であった。

ラキシ

ラキシはエルサレムから約四〇キロメートル南西の地点にある、古代から堅固な要塞をもつ町として有名であった。

この町は最初、ヨシュアによって征服されイスラエル人の領土となり（ヨシ一〇・三一～三二）、ユダ族の町々の一つに数えられた（ヨシ一五・三九）。

イスラエルが北と南の二王国に分かれた時、ユダの王レハベアムは、他の多くの町々と同様に南のエジプトに対する守りとして、ラキシの要塞を堅固に建て直した。

しかし、ラキシはたびたび攻撃され、紀元前七〇一年のヒゼキヤ王の時代に、アッシリアの王セナケリブによって滅ぼされてしまう。近年の発掘の結果、大きな洞穴の中から、このとき戦死したと思われる人骨が一五〇〇体以上も発見されている。

王座のセナケリブ王、ラキシからの戦利品を検閲する。(左)

戦利品や貢物を運ぶ列。(下)

南ユダ王国

南のユダ王国は、エルサレムを中心に、ダビデの王朝がユダ族とベニヤミン族を治めていました。

北の十部族が滅んだ頃、南ではヒゼキヤ王が登場しました。

ヒゼキヤ王はアッシリアの王が攻めてくるのに備えて、破れた城壁を補修し、「貯水池と水道を作って、町に水を引いた」と言われています。（列下二〇章）

また、彼は城外の「ギホンの泉」を塞《ふさ》いで、アッシリア軍の目から隠し、城内に水を導くため、新しい水道トンネルを掘りました。

全長五三三メートル、岩盤をくり抜いて、S字状に曲りくねったトンネルを作るという難事業でした。

今でもその水源の豊かなのには驚かされます。水は「シロアムの池」に向かって流れてゆきます。

貴族出身の預言者イザヤが出たのも、この頃でした。イザヤは聖書の中でも最も偉大な預言書「イザヤ書」をのこしました。

「終わりの日に次のことが起こる。
主の家の山は、
もろもろの山のかしらとして堅く立ち、もろもろの峰よりも高くそびえ、
すべての国はこれに流れてき、
多くの民は来て言う。
『さあ、われわれは主の山に登り、
ヤコブの神の家へ行こう。
彼はその道をわれわれに教えられる。
われわれはその道に歩もう』と。
律法はシオンから出、
主の言葉はエルサレムから出るから
である」（イザ二・一～三）

ゼデキヤの洞窟　城壁などの建設に際して石材を切り出した跡で、ソロモンの石切り場とも言われる。写真右下にその入口が見える。

ヒゼキヤの水道

シロアムの池　ギホンの泉からヒゼキヤの水道（500m）を通った水はここに出てくる。

ヒゼキヤの水道

ユダの王ヒゼキヤは、アッシリア軍の侵入に備えて、城壁内に水を貯えることを考えた。

それで、ケデロンの谷にある「ギホンの泉」から大規模な地下トンネルを掘り、泉の水がそのトンネルをつたって城内の貯水池「シロアムの池」に流れるように岩盤をくり抜く工事をした。（歴下三二・三〇）

一八八〇年、アラブの子供たちが、この水道トンネルの中で岩に刻まれた碑文を発見した。それは、このトンネル工事貫通の喜びを古代ヘブライ文字の書体で記したものだった。それには、「このトンネルはギホンとシロアムの両側から掘り始めて真ん中で貫通した」と書かれてある。聖書を実証する大発見であった。

今でもギホンの泉から水が湧き続けて、この水道トンネルを通ってシロアムの池へ流れている。

預言者イザヤ

ユダのウジヤ王が死んだ年（紀元前七三三年）、エルサレムの貴族出身のアモツの子イザヤは、神殿において神の臨在に触れ、すすんで神の使者になることを志願した。

「わたしはまた主の言われる声を聞いた。

〝わたしはだれをつかわそうか、だれがわれわれのために行くだろうか〟その時わたしは言った、〝ここにわたしがおります。わたしをおつかわしください〟。

（イザ六章）

こうして預言者として出発したイザヤは、大敵アッシリアの勢力が隣国まで迫っているのに、のんびりと暮らしている富裕階級を非難し、国の滅亡を予告した。

イザヤは、アッシリアは神の「怒りの杖《つえ》、憤りのむち」（イザ一〇・五）であると言い、不信仰なユダの国を罰するために、それを神は派遣したと告げる。けれども、同時に彼は、神の住まいであるシオン（エルサレム）が永遠に不滅であることを確信した。

しかし、シオンの不滅を、民は自分たちの力による勝利として喜ぶだけで、このシオンを守る神を顧みようとはしなかった。このことをイザヤと同時代に活躍した預言者ミカも激しく非難して、エルサレムの滅亡を預言したのである。

「シオンはあなたがたのゆえに
田畑となって耕され、
エルサレムは石塚となり、
宮の山は木のおい茂る高い所となる」

（ミカ三・一二）

預言者イザヤ

ユダ王国の衰運傾くなかで、最後の輝きを見せたのがヨシヤ王でした。紀元前六二二年頃のことです。

神殿から律法の一巻、申命記が発見され、これを機にヨシヤ王は、熱心な宗教改革をすすめました。（列下二二～二三章）

それはイスラエル民族の、精神が高揚した一時期でもありました。しかしヨシヤ王も、エズレルの野にエジプト王ネコと戦って死んでゆきます。

ヨシヤ王と同じ頃、登場したのは、ベニヤミンの地アナトテの祭司の子「エレミヤ」と言う預言者でした。

エレミヤも神に愛された預言者でした。

神とエレミヤの会話があります。

「エレミヤよ。あなたは何を見るか」
「アメンドウの枝を見ます」
「あなたの見たとおりだ。わたしは自分の言葉を行なおうとして見張っているのだ」

聖地の冬の終わり頃、春に先がけて咲くのが、アメンドウの花です。その木は〝目覚め〟という意味の言葉、「シャケッド」とも言います。

こうして青年エレミヤは、不信仰なユダ王国を目覚めさせる使命をおびることになるのでした。

しかし、愛国者エレミヤは国の滅亡を預言しなければなりませんでした。（エレ一章）

悲痛と慟哭《どうこく》にみちた彼の言葉は、今も聖書を読む人の胸を打ちます。

エレミヤ時代のアナトテ村は、この丘だったという。

春に先がけて咲くアメンドウの花。

エルサレムの北東５キロほどにあるアナトテの村。

ヨシヤの申命記改革

紀元前六二七年にアッシリア帝国が衰退してくると、アッシリアに代って新バビロニア王朝が台頭して、オリエント一帯に勢力をおよぼすようになった。

この時を機会にユダのヨシヤ王は、百年間アッシリアの属州になっていた北イスラエルを奪回し、もう一度、ダビデ、ソロモン王時代のような栄光を復活させようとした。

折しも、エルサレムの神殿を修復中に、大祭司は「申命記」の一部が神殿の奥深くに隠されているのを発見した（列下二二・八）。それから、申命記に基づく宗教改革をヨシヤ王は断行することを決意。重大な事は、マナセ王時代から続いてきた異教的なものや各地方の高い所にある聖所（ハッツォールやカルメル山など）を廃止し、エルサレム神殿のみを聖所とすることを打ち立てたのである。そのころアッシリア帝国を完全に崩壊させせようとバビロン王朝は諸国と同盟を結んだ。ユダ王国もこの同盟に参加した。

紀元前六〇九年エジプトの王ネコは、この追いつめられたアッシリア軍を援助するために、大軍を率いて北上し、メギドまでやってきた。ユダの王ヨシヤはこのエジプト軍の進撃を防ごうと戦ったが、無残にも破れメギドで死んだのであった。

預言者エレミヤ

アナトテは、レビ人に与えられたベニヤミン族の町々の一つであった（ヨシ二一・一八）。

またユダ王国にヨシヤ王が、申命記改革を起こして活躍し始めたころ、このアナトテの村から若いエレミヤが神から預言者として召命されたのであった（エレ一章）。

彼は、神を裏切って悔い改めようとしない南ユダ王国に対して、歴史の厳しい現実を語り非難した。ヨシヤ王が戦死すると、エレミヤは再び預言活動を始め、エルサレムの神殿が滅亡することを告げ始めた。それをきいた神殿の祭司たちは怒り、彼を殺そうとした。

やがてエレミヤの預言は成就し、バビロニアはエルサレムを包囲して、当時の王であってイェホヤキンや多くの人々をバビロンへ捕囚として連れ去った。

エレミヤは敗北主義者として民から憎まれながらも、新しい王ゼデキヤに、バビロニアに降伏することを勧めた。

しかし、エレミヤの忠告もむなしく、ゼデキヤ王はバビロニアに対して反乱をおこし、エルサレムの滅亡を早めただけであった。

バビロニアは、エルサレムを占領すると、民を殺すか捕囚として連れ去った。残った人々は、親バビロニア運動の中心であったゲダリヤを知事として、エルサレムを再建しようとした。

しかし、ゲダリヤも反バビロニアの過激派によって暗殺されてしまい、エレミヤも最後にはエジプトへ連れて行かれて亡くなったと伝えられている。

こうしてユダ王国は全く滅亡してしまったが、エレミヤの預言どおり捕囚の試練を経て、ユダヤ民族は再生するのであった。

預言者エレミヤ

アナトテの村

エレミヤの出身地、アナトテが一番美しいのは、やはりアメンドウ（アーモンド）の花が咲く頃である。二月上旬から中旬にかけて、日本の梅のように春に先駆けて咲き、桜かと見紛《みまご》うばかりに樹一杯に花を付ける。色も梅のように真っ白いもの、桜のように淡いピンク色をしたものと幾種類かを見かける。

現在アナトテは、「アナータ」と呼ばれるアラブ人の小村である。村はずれには石切り場があり、石材製造場が二、三軒並んでいる。作業をしている人に尋ねると「これがエルサレムストーンだ」という返事であった。エルサレムの建物の外壁は、すべてエルサレムストーンを使用することが市の条令で義務づけられている。聖都エルサレムは、こうして時代を越えて統一された美しさを保持している。朝日に映えるエルサレムは黄金色に輝き、大変美しい。

石切り場を過ぎてすこし行くと、前方に小高い丘が見える。村人は、その丘が古代のアナトテがあった場所だと言う。そこには一本の木もなく、岩をくり抜いて作った貯水槽の跡などが残っていて、それは古代の人々が生活していたことを物語っている。まだ発掘されていないテル（丘）の一つである。古そうな土器のかけらがそこに落ちていて、すぐにでも掘って見たい衝動に駆られてしまう。

アナトテから見渡せるユダの荒野と、村の周囲に咲きほこるアメンドウの花が、救国の預言者として神に立てられたエレミヤの若き日を偲ばせてくれる。

「あなたはただ若者にすぎないと言ってはならない。わたしがあなたと共にいるからである」。

八章　捕囚以後の時代

ユダヤ教の成立

そして紀元前五八六年、エレミヤの預言したとおり、南のユダ王国はバビロニア帝国のネブカドネザルによって滅ぼされてしまいました。

（列下二五章）

神殿は破壊しつくされ、全ての財宝と多くの民が奴隷として、バビロニアに連れ去られたのでした。「北から災いが来る」と言うエレミヤの預言に耳をかさなかった人々の、それは報いでした。

残っていたユダヤ人の多くは、エジプトに逃れ、エレミヤもそこで石打たれ、悲劇的な生涯を閉じたということです。

バビロニアに連れ去られた一人の無名の詩人は、その悲しみをこんなふうに謳《うた》いました。

「われらはバビロンのほとりに座り、
シオンを思い出して涙を流した」
「エルサレムよ、もしわたしが、あなたを忘れるならば、わが右の手を衰えさせてください。もし、わたしがエルサレムをわが最高の喜びとしないならば、わが舌をあごにつかせて下さい」

（詩篇一三七）

クムラン洞窟（左）　紀元前１世紀頃の聖書の写本が大量に発見された第４洞窟。

第二神殿　実物の50分の１に作られた紀元１世紀頃のエルサレムの精巧な模型。（エルサレム・ホーリーランドホテル所有）

やがてバビロニアは、新興のペルシア帝国に滅ぼされ、クロス王の命によって、ユダヤの民は、故郷イスラエルの地に帰ることを許されました。捕囚から五〇年後、紀元前五三八年のことでした。

イスラエルに帰って、廃墟の中に立った人人は、神殿再建に力を合わせ立ち向かいました。預言者ハガイ、ゼカリヤの励ましと、ゼルバベルの指導の下に、多くの困難と妨害をのりこえて、ついに紀元前五一五年神殿を再建することが出来ました。

その後エズラ、ネヘミヤによってエルサレムの城壁は直され、聖書を中心とした宗教の確立、及び社会改革が徹底的になされてゆきました。

それから続く時代は、聖書の本格的な編纂《へんさん》が進み、ユダヤ教が民族の宗教として確立を見た時代でもありました。

この死海写本は、紀元前二〜三世紀にかけて筆写された旧約正典、外典文書などです。

死海写本が発見されたクムランの洞窟は、死海西北端の沿岸から、約一キロ離れた所にあります。一九四七年、この付近でベドウィンの少年が、この巻物の入った壺を発見しました。これこそ二十世紀最大の考古学的発見と言われるものでした。

バビロニア城壁の一部イシュタール門の復元。(右)（ベルリン博物館蔵）

エルサレム城壁の復興を指揮するネヘミヤ。（左）

イシュタール門

ユダヤの民が捕囚されたバビロンは、バビロニア帝国の首都で、巨大な城壁によって囲まれていた。

今でも、城壁の一部が残っている。当時の建築技術の特徴として、城壁にはライオンなど動物のレリーフ細工が施されている。城壁には八つの門があり、それぞれの門にはバビロニアの神の名がつけられた。

その中の一つ「イシュタール門」は現在、東ベルリンのペルガモン博物館にある。

レンガの表面は青いエナメルで覆われ、光に反射して美しい。当時のバビロニアがいかに強国であり、繁栄していたか、この門を見るだけでも容易に理解できる。

バビロニア捕囚

バビロニアに捕えられたユダヤの捕囚民は、ケバル川（ユフラテス川の分流）のほとりのテルアビブという地に住まわせられ、主に農業に従事した。

彼らは周囲のバビロニア文化に同化しないように宗教的結束を行なった。それまで国民の間に伝えられてきた律法《トーラー》の書を収集し、それに記されていることをまず実際の日常生活で行なうことから始めた。一緒に集い、律法を学び、エルサレムの方を向いて共に礼拝したのである。

これがシナゴーグ（ユダヤ教会堂）の始まりであり、ユダヤ教の根本がこのバビロニアで据《す》えられたと考えられている。

このシナゴーグにおける礼拝はエルサレム神殿の代用となり、現在にまで至っている。この二千数百年間、どんな逆境の中にあってもユダヤ教を維持できたのは、このシナゴーグでの礼拝の賜物であり、律法で最も大切な安息日と割礼を守り続けてきたからであろう。

バビロニア捕囚の時期は、ユダヤ民族にとっては屈辱ともいうべき時であったが、ユダヤ教が成立する覚醒運動の興った大事な時代でもあった。

この運動がやがてエルサレムへの帰還を実現し、父祖の地に国が再興する原動力となったのである。

シオンへの帰還

先に捕囚された民は、バビロニア帝国がすぐにでも滅亡して、ユダヤへ帰還できる日を待望していた。この安易な希望に対して預言者エゼキエルは、祖国エルサレムの神殿の滅亡が近いことを預言し警告した。

しかし、民はこの滅びの預言を受け入れようとはしなかった。残留していたユダヤの民は、エジプト側につき、バビロニアに反抗した。その結果、紀元前五八六年、エゼキエルの預言したとおりに、神殿が破壊され、民の希望は失せ、絶望状況に陥った。

この民に対して、エゼキエルは「枯れ骨が再び肉をまとう、そして神は死んだ民族を生き返らせることができる」と預言し、民を励ましたのであった。

このエゼキエルの預言は、後に民族再生の希望につながる思想となってゆく。

やがてバビロニア帝国の中に内乱が起き、その隙をついて、ペルシアからクロス王が進撃し、新しいペルシア帝国の支配が始まった。

紀元前五三八年、宗教的に寛容なクロス王は帝国全域の荒廃している各民族の聖所を再建することを勧めた。

バビロニアに捕囚されて五十八年、ユダヤの民は解放され、エルサレムに帰還して神殿を再建し始める。

そうすると北のサマリヤ地方にいた混血民族のサマリヤ人たちは、神殿の再建を手伝いたいと申し出た。

しかし、異邦の文化に同化されたサマリヤ人の参加を、ユダヤの民は厳しく拒絶した。するとサマリヤ人は神

死海写本　羊皮紙に書かれた詩篇151篇の一部。

死海写本館　写本が納められている壺の蓋を象どった建物。

殿再建に反対し、工事を妨害した。

　この後、二十年間、神殿の再建は中断されたが、ダリウス一世（紀元前五二二～四八六年）が新しくペルシアの王に即位したとき、預言者ハガイとゼカリヤが活躍した。彼らはユダヤの民を励まし、神殿の再建を急がせたのである。

　「わたしはあわれみをもってエルサレムに帰る。わたしの家はその中に建てられ、測りなわはエルサレムに張られる」（ゼカ一・一六）。

　こうして紀元前五一五年、ソロモン王の建てた神殿が崩壊して、七十一年ぶりに再建されたのであった。

　ソロモン王が建てた神殿を「第一神殿」、このバビロニア捕囚からの帰還民によって建てられた神殿を「第二神殿」と呼ぶ。以後、第二神殿がローマ軍に破壊されるまでの数世紀間は第二神殿時代とも称せられ、イスラエルの民はユダヤ人（ユダの人々）という名でも知られるようになった。

エズラ・ネヘミヤの改革

　神殿再建を妨害したサマリヤ人も、神殿が完成すると、むしろ積極的にイスラエルの宗教を受け入れ、強い影響力を持つようになった。

　しかし紀元前四五八年、エズラが登場すると、エルサレムに住む人々を、かつてバビロニアに捕囚された者と、されなかった者とを完全に分離させ、異邦人の女と結婚した人々に、その女との離縁を命令した。

　ネヘミヤがユダの知事としてエルサレムに現れたのは、エズラよりも十三年後の紀元前四四五年のことである。ネヘミヤはエズラとともに改革に努めた。

　わずか五十二日間でエルサレムの城壁を完成させたり、貧富の階級の差をなくすために、貧民階級の負債を抹消し、土地も元の所有者に返還させたり、安息日の律法を厳格に守ることなどを実施させた。

　こうして徹底してユダヤ人を異邦人から隔離し、律法を守っていくことを強制したので、父祖伝来の一神教の信仰を再興し、聖書の宗教を後代に遺《のこ》すことができたと言える。

死海写本

　旧約聖書の編纂は、エズラの時代（紀元前五世紀）からモーセ五書がまとめられ、紀元前二世紀には預言書、諸書が編集され始めた。そして現在のような正典本文が選ばれたのは紀元九〇年のヤブネにおける宗教会議からである。

　最古のヘブライ語写本は、一九四七年に死海写本が発見されるまではレニングラード写本（九世紀のもの）であった。

　しかし、この死海写本はレニングラード写本よりも一千年古い紀元前一世紀のものと判明した。それは、羊皮紙に書かれた巻物で、壺に収められていた。死海沿岸のクムラン洞窟で発見されたが、このあたりは雨量も少なく空気も乾燥しているので、二千年の間、奇跡的に保存されることができたわけである。

　死海写本中、旧約聖書は、エステル記を除く全巻と、周辺の洞窟からも六百近い写本の断片が発見された。驚くべきことに、旧約聖書ヘブライ語の一字一句はほとんど現在の聖書と変わらず、「神の言葉」がいかに正確に伝えられてきたかを知ることができる。

　死海写本の中で有名なものは「イザヤ書全巻」「ハバクク書注解」「光の子と闇の子の戦いの規則」「クムラン集団の規律」、また従来の詩篇には見られない、新しい「感謝の詩篇」などである。この詩篇は、もともと七〇人訳のギリシア語の聖書には、第一五一篇として翻訳されていたが、正典の方には受け入れられなかった詩篇である。現在、これらの写本の一部がイスラエル博物館の写本館に展示されている。

ヘレニズムとローマ時代

やがて新しい覇者がギリシアに登場しました。

アレキサンダー大王です。戦さの天才だった彼は、各地を次々と征服し、ペルシアを倒して広大な帝国を建設しました。それは同時にイスラエルにおけるギリシア時代の始まりでもありました。

次の征服者ローマが登場するまでの二百数十年、イスラエルはギリシア文化の影響を強く受け、ヘブライズムとヘレニズムの融合が始まりました。

アシケロンには、その時代の遺跡がたくさん残っています。

このヘレニズム化に敢然と立ち向かったのがハスモン家の祭司マタティアでした。

「モディイン」と呼ばれる小さな村がエルサレムとテルアビブの中程にあります。ここからその反乱が始まり、マタティアの後を継いだマカビーによって、イスラエルは一時独立することが出来ました。

紀元前一六四年キスレブの月すなわち十二月二十五日、汚されていたエルサレム神殿の

ヘレニズム・ローマ時代の彫刻群。(アシケロン)

宮潔めが行なわれました。
それを記念して、それ以来ユダヤ人はハヌカの祭りを祝うようになりました。ハヌカとは、〝宮潔め〟という意味です。

ハヌカの祭　親から子にイスラエルの歴史は祭りを通して語り継がれていく。

マカビー家の墓

イシス女神と若神ホルス

アトラスがかつぐ天球儀と勝利の女神ニケ。

アカンサスの花　葉はコリント式の柱頭を飾るモデルとされた

ヘレニズムの征服

紀元前三三二年、ギリシアのアレキサンダー大王が勢力を増し、ペルシア帝国を破り、東方世界一帯を征服した。そして征服した国々に兵を送りこみ、ギリシア文化を広めた。以来この時代を「ヘレニズム時代」と呼んでいる。

やがてアレキサンダー大王が死ぬと（紀元前三二三年）、その部下が彼の帝国を分割して支配する。エジプトを中心に統治したプトレマイオス王朝と、シリアを中心としたセレウコス王朝で、この二つの王朝は互いにその勢力を競い合った。

紀元前一六七年、セレウコス王朝のアンティオコス四世は、ヘレニズム文化を徹底させるために、ユダヤ教の律法を禁止することを命じたり、エルサレム神殿で異教のゼウス神に奉献させたりした。

これに抵抗したのが、モディイン村の祭司マタティアであった。

マタティアの指導下にユダヤ人たちはセレウコス王朝の支配に対して戦い始めた。戦いの途中、マタティアが病死すると、彼の三男であるユダ（マカビー）が代わって反乱を指導し勝利に導いた。これが人類の歴史で最初の宗教戦争だと言われるマカビア戦争である。

紀元前一六四年、アンティオコスの死を契機に、ユダは異教によって汚されていたエルサレム神殿の〝宮潔め〟（ハヌカ）を行ない、聖所のメノラー（燭台）に点火した。すると一日分しかない燭台の油が、八日間も燃え続けたと言われている。

現在もこの宮潔めの祭りが、毎年十二月に行なわれ、九本の燭台（一本は種火）に毎日一本ずつ点火し、八日間にわたって宮潔めの奇跡を祝すのである。

ハヌカの歌

ハヌカ　ハヌカ　ハグ　ヤッフェ　コル　カハ
オール　ハビブ　ミサビブ
ギル　レイェレッド　ラフ
ハヌカ　ハヌカ　スビボン　ソブ　ソブ
マー　ナイーム　バトーブ

ハヌカの祭りは何と麗しいことであろう
柔らかい光と喜びが幼い子供たちの回りを廻る
ハヌカの祭りにコマが廻る、何と楽しく善美なこと
であろう

ハヌカ第６日目、祈る宗教家

ハヌカ初日、聖火を持ち帰る少年たち

ハヌカの祭り

モディイン村にあるハスモン家の墓前で点火された火が、エルサレムの嘆きの壁の前にリレーで運ばれてきて、点火式が行なわれる。ハヌカの祭り第一日目である。イスラエル各地から集まった団体のトーチに火が分けられ、少年たちの手によって持ち帰られ、それぞれの村やキブツに初日の火が灯される。

各家庭でも、その家族の数だけの九枝の燭台（ハヌキヤ）を通りから見える窓辺に置き、日暮れとともに、ローソクに点火する。子供を中心に家族が揃って火を灯す光景は、暖かい家庭のぬくもりが伝わって来て心暖まる。クネセット（国会議事堂）をはじめ、公共機関の建物にも巨大なハヌキヤが電灯の火を一日に一灯ずつ灯してゆく。

祭りの最終日、八日目の夜は高名な宗教家《ラビ》であり大学教授のペリー博士のお宅に招かれた。先生の令息夫妻と三人の小学生のお孫さんも集まって、楽しい一夜を過ごした。子供たちは、工夫をこらした手作りのハヌキヤに色とりどりのローソクを立てて持って来ている。みんなで一斉に全部のローソクに火をつける。ハヌカの歌を何回も歌い続けたあと、先生の奥様が台所から揚げパンのようなケーキを運んでこられる。油にちなむお祭りだからこれを食べるのですよと勧めて下さる。

子供たちはこの日、コマを廻して遊ぶ。最後にペリー先生はお孫さんたちにお小遣いを渡される。これはまるでクリスマスとお正月が一緒になったお祭りではないかと思った。

この様にして楽しい家族の団らんの中に、イスラエルの歴史は親から子へと語り継がれてゆく。

地中海世界の支配者は、やがてギリシアからローマに変わります。

悪虐非道で聞こえたヘロデ大王は、ローマに巧みにとり入って、ユダヤの王となりました。

一方、彼は建築に巧みで、エルサレムの神殿を大改築し、また自分のために大宮殿や要塞を、マサダ、ヘロデオン、マカエルスなどに作りました。

このヘロデオンは、ベツレヘムから南東五キロ程下った所にあります。自然の丘の上に人工的に土を盛り上げて作った巨大な要塞宮殿です。

ここマサダは、エン・ゲディの南約二〇キロ、死海沿岸にそそり立つ高さ約四〇〇メートルの山です。紀元六六年からユダヤの各地で、ローマ軍に対する反乱が起きましたが、いずれも鎮圧され、紀元七〇年には神殿も破壊されてしまいました。そして、反乱軍最後の砦《とりで》として残ったのが、このマサダでした。

全員が自決する最後の時、指揮官のエリエゼル・ベン・ヤイールは、有名な演説を残しました。

「われわれは、神以外いかなるものにも仕えてはならない。奴隷になる道を断じて選んではならない。今こそ、われわれの高邁《こうまい》な決意を行動で示す時が

来たのだ。

われわれは、自らを辱《はずかし》めるようなことはすべきではない。高貴な精神をもって、自由な戦士として自決しようではないか」

こうしてイスラエルの独立は奪われました。しかし、ローマに国を滅ぼされた後も、ユダヤの民はこの地に生き続けました。

ヘロデオン頂上で発掘された宮殿跡

ヘロデオン(上)　ヘロデ大王が築いた要塞宮殿

マサダの要塞(右)　ここに3年間立て籠もってローマ軍に抵抗したユダヤの熱心党員は婦人、子供もふくめて960名が名誉ある死を選んだ。

ヘロデ王

ユダヤ人の独立国家「ハスモン王朝」も、紀元前六三年にはローマのポンペイウスの支配下に入り、ユダヤはローマ帝国の属州となった。

そして紀元前三七年には、エドム人ヘロデがユダヤ州の王として任命された。ヘロデ王はローマ帝国から遣わされた忠実な属王としてユダヤを支配し、ギリシア文化を取り入れて、建築事業を盛んに行なった。

例えば、ユダの荒野のベツレヘムから最も近いところにヘロデ王の要塞宮殿がある。それは王の名にちなんで「ヘロデオン」と呼ばれている。

ヘロデオンは、自然の丘の上にさらに土を盛り、二重の壁で覆われた堅固な要塞である。要塞の中ではローマ式浴場やシナゴーグ跡が、丘のふもとからヘロデ王の宮殿や大プールの跡も見つかっている。

歴史家ヨセフスの著書によれば、ヘロデ王の遺体も黄金の棺に納められて、このヘロデオンに埋葬されたというが、今だにヘロデ王の遺体は見つかっていない。

マサダ

マサダとは「要塞」という意味で、聖書によれば、サウル王から逃れて荒野をさ迷ったダビデもこの要害にいたという（サム上二三・一四）。

その後、紀元前四二年、ハスモン家の大祭司ヨナタンがこの自然の要害を要塞化した。

紀元前二五年にはヘロデ王が、この要塞に宮殿や見張り塔をつくり、さらに強化した。

このマサダが歴史的にも重要になったのは、紀元六六～七三年にかけてローマに対するユダヤ反乱軍の舞台として登場したからである。

紀元七〇年にはエルサレムの神殿も破壊され、その後三年間、この要塞に女性、子供を含めた約千人のユダヤ反乱軍が立てこもり、ローマ軍と最後まで戦いを続けた。これに対してローマ軍は、この要塞の回りを八つの駐屯地で囲んだ。その数は約一万人と言われている。この徹底したローマ軍の攻撃にユダヤ反乱軍も瀬戸際まで追いつめられた。

そしてついに、九六〇人のユダヤ人は捕虜となって辱しめられるより、自決の道を選び、唯一なる神にその生涯を捧げた。ただ、洞窟に二人の婦人と五人の子供たちが身を隠して生きていただけであった。

このマサダには、荒野に降る少量の雨水を全て確保できるように、岩をくり抜いて造られた大規模な給水施設が十二槽もあり、総計約四万八千トンもの水を貯水できるしくみになっている。

その他、北の崖には三段式の宮殿や、ローマ式浴場、シナゴーグの跡、ミクヴェ（沐浴用水槽）も発見されている。

なお近年、発掘した結果、自決したユダヤ人たちのものと思われる沢山の遺骨や三つ編みの婦人の毛髪、皮のサンダルなども発見され、人々を驚かせている。

熱心党

ローマの圧政下にあったユダヤ人の間で、自分たちの宗教の自由と解放を得るためにローマ人に対して過激な行動をとるグループが現れた。彼らはヘブライ語で「カナイーム（熱心党）」、ギリシア語でゼロタイと呼ばれた。

この熱心党員の本拠地はガリラヤ地方で、マサダの指揮官エリエゼル・ベン・ヤイールもガリラヤの熱心党の家系から出た人物である。

彼らが敵として戦ったのはローマ人だけでなく、ローマの支配に従おうとした同胞のユダヤ人にも殺傷を加えた。

熱心党員はマラキ書の言葉から、「終わりの日には、神が救い主を派遣して必ず自分たちを救ってくれる」という預言を信じ、国運が危機になるにつれ、終末の日が近いことに希望を抱いたようである。

マサダ全景(上) 死海にそそり立つ天然の要塞

イスラエル軍の入隊宣誓式(左上) 左手に聖書、右手に銃を受け取り忠誠を誓う若き兵士。

国歌が演奏されると共に“マサダは二度と落させない”の火文字が燃え上がる。(左)

マサダの誓い

マサダに登るためには、普通、東の死海側よりロープウェイを利用する。当時の「蛇の道」と呼ばれるジグザグのけわしい道も残っていて利用できる。西側からは、ローマ軍が攻撃用に作った盛り土があって、歩いても楽に登ることができる。ユダヤ人の最後の砦となったマサダを実感するには、汗をかきかき蛇の道を登るのがよい。

マサダの上では年に何度か、軍隊の入隊宣誓式が行なわれる。軍スポークスマンに撮影申請をしておいたところ、日時の連絡が来た。兵役を迎えた若者たちが訓練期間を終えて、所属部隊に配属される時に行なわれる式である。マサダが暗闇に包まれる頃、数百名の若い兵士が広場に整列し、周囲に松明《たいまつ》が赤々と燃え上がる。国旗掲揚に続いて、まずヨシュア記第一章が朗読される。

続いて部隊長の手から聖書と銃が全員に配られる。この時の部隊長の挨拶の言葉が胸を打つ。

「聖書があなたがたの希望であり、祈りである。銃は鉄の塊にしか過ぎない。これを用いるのは人間の心である。これから銃を渡すが、このような武器は無用になることを願う。これより君たちはユダヤ人として、一意専心、国の護りにつくのである。宣誓とは生命を捧げた誓いである」

部隊長の前に一人一人進み出て、右手に銃を左手に聖書を受け取り胸にあて「私《アニ》は誓《ニシユバ》います!私《アニ》は誓《ニシユバ》います!私《アニ》は誓《ニシユバ》います!」と三度大声をあげて宣誓する。その後、捧げ銃をした不動の姿勢で国歌「ハティクバ(希望)」を合唱する真剣な若者の顔は雄々しく輝いていた。

突然正面の暗闇の中に、巨大な火文字が燃え上がった。〝マサダは二度と落とさせない!〟

離散の時代

ラビ・メイールの墓です。ガリラヤ地方は、ユダヤ教徒の生活の中心地となり、学問と信仰を深めました。

ティベリヤから北へ三〇キロ、北ガリラヤ地方のメロン山付近に残るユダヤ教の会堂跡です。

ビルアムの会堂は、最もよく原型を留めているシナゴーグ跡です。

ツファット。北ガリラヤの高原の町です。中世の時代、ユダヤ教が最も栄えた中心地でした。カバラーと言われる神秘思想が研究されたところでもあります。

エリコのシナゴーグから発見されたモザイクです。七枝の燭台メノラーの下に「シャローム・アル・イスラエル（イスラエルに平安あれ）」という詩篇の言葉が刻まれています。

一方、世界各地に離散して行ったユダヤ人は、どこにあってもエルサレムと聖書を忘れず、メノラーに火を灯して、祖国の回復を神に祈り続けました。

メロン山のシナゴーグ跡　石の入口には装飾が何もなく、伝統を重んずるユダヤ人が住んでいたことを物語っている。

ラビ・メイールの墓（ティベリア）　ラビ・メイールは、多くの奇跡を行なって人々を救った。今も多くの崇敬者を集めている。

国会議事堂前の大メノラー

メノラーのモザイク　エリコで発掘された6世紀頃のシナゴーグ跡。ヘブライ語でシャローム　アル　イスラエル（イスラエルに平安あれ）と記されている。

ユダヤ教の中心地ティベリア

エルサレムの神殿が破壊され、マサダの要塞も落ちてしまうと、サドカイ派と熱心党も滅んでしまった。ただ直接ローマとの戦いに参加しなかった、パリサイ派の祭司たちが生き残った。

彼らは議会の中心地をエルサレムからヤブネに移し、やがて紀元一三二年、マサダに続く第二の反乱が行なわれたが、この反乱もむなしく、ローマ軍に押さえられてしまった。

その後、反乱中、逃亡していた祭司たちが、ガリラヤ地方に集まり議会を定めた。議会は三世紀半ばには、ティベリアに安定し、律法の研究を中心に宗教の再興を行なった。それまでの口伝律法が、ラビ・ユダ・ハナスィによって「ミシュナー」という書物に編纂され、聖書と共に後のユダヤ教を支える聖典の中核となった。

五世紀には、このミシュナーに、さらに注解を加えた「タルムード」という大聖典が賢者たちによって編纂された。今でもユダヤ教徒はこのタルムードの教えに従い生活している。このように神殿が壊されたユダヤ人にとって、神殿の代わりになったものは、シナゴーグであった。そこで共同体を中心に聖典を学んだ。たとえ祭司がいなくても、十人の男性が集まればエルサレムの方に向かって、ともに祈り合うことによって信仰を支えていくことができた。

こうして、祭司中心の宗教であったユダヤ教は、その後、各地のシナゴーグ（ユダヤ教会堂）で平信徒を中心に発展したのであった。

ツファット

ガリラヤ高原にあるツファットの町も、ユダヤ教にとって忘れてはならない三大聖地の一つである。

中世の時代、ヨーロッパのキリスト教徒から多くの迫害を受けたユダヤ人は、聖地においてその思想を大きく発展させた。十六世紀に、このツファットではアリを中心に「カバラー思想」と呼ばれるユダヤ神秘思想が発展した。

現在の町は、人口が約一万七千人、中世の賢者たちのシナゴーグもいくつか残っており、敬虔なユダヤ教徒たちの姿も多く見られる。

メノラー

メノラー（七枝の燭台）は、イスラエルの民が出エジプトした後、神の幕屋の至聖所におかれた聖なる祭儀用具であった（出エ三七・一七〜二四）。

以後、エルサレムの神殿が建てられてからも、メノラーは、その至聖所に置かれていたが、紀元七〇年ローマのティトス将軍によって神殿が破壊されたとき、ローマ軍は神殿のメノラーなどの祭儀用具を奪い去ってしまった。

歴史的にユダヤ人の離散の時代は、このときから始まり、長い流浪生活と迫害を経て、一九四八年、再びユダヤ人は自分たちの国を、二千年前と同じ地に建国することができたのである。

そして、この聖所のシンボルであったメノラーがイスラエル国のシンボルマークに採用され、エルサレムの国会議事堂（クネセット）の前には、イギリス政府から寄贈された大きなメノラーが置かれている。いわば千九百年間、異邦の地にあったメノラーが再びエルサレムの地に、その民とともに帰還したわけである。

この大メノラーの枝には、ユダヤ民族の歴史的な場面が浮き彫りになって描かれている。この前に立つとき、四千年のユダヤ民族の歴史の重みをつくづくと感じさせてくれる。

建国の戦い　国会議事堂前のメノラーに刻まれたレリーフ。

エルサレムを滅ぼしたローマ軍によって戦利品として持ち運ばれる神殿のメノラー。（ローマ　ティトスの凱旋門レリーフ）

ビルアムのシナゴーグ跡（下）　上部ガリラム地方のビルアムという場所に建てられたシナゴーグで2世紀頃のもの。

そして一九四八年、イスラエルの人々は、再びパレスチナに、神の約束したその土地に、自分たちの祖国を持つことが出来ました。世界各地から故国に帰還した人たちは、荒れ地を耕し、国づくりに努力しました。これは聖書の預言の成就だと、ユダヤ人は信じています。

アブラハムから多くの国民が興るであろうという神の約束のとおり、アブラハムの信仰を基に、世界の三大宗教、ユダヤ教、キリスト教、イスラム教が生まれました。

この小さな風土と小さな民族が、その苦難にみちた歴史の中から生み出した旧約聖書、これは時と、所、人種を超えて永遠に全人類に、語りつがれて行くことでありましょう。

アラバの荒野を開墾したモシャブ・エンヤハブの農場

荒野を沃野に変えるスプリンクラー

荒野の農業

乾燥した南のネゲブ地方には、その中をバスが通れる程の巨大な送水管が延々二百キロも敷設されていて、ガリラヤ湖から水を送っている。この貴重な水を最も有効に利用できるようにしたのが、日本から導入したビニール農法である。蒸発を防ぐために畝を、ビニールで覆い、苗を植える部分だけ穴があけてある。現在は一日の一定時間、スプリンクラーで水を散布するのと、水溶液肥料をパイプで作物の根元に送る操作を、コンピューターで制御して、行なっているという。

死海の南からエイラット港にかけて、アラバと呼ばれる荒野が続いている。塩分を含み農業に適さない土地であるが、塩分を洗い出す大変な作業をして農地を作り、キブツやモシャブ（私有財産を認める集団農場）を営んでいる。その一つにモシャブ・エンヤハブがある。ヨルダンとの国境五〇〇メートルの所まで耕作されている。荒野の中に広がる緑のじゅうたんを見渡すと、イスラエルの人たちの燃えるような開拓魂が感じられて、言いしれない感動がこみあげてくる。朝、畑に出て肉厚の真っ赤なピーマンをかじると、あまい水分が口中に拡がり、その思いがけない美味しさに驚く。トマトも日本の温室栽培とは比較にならないほどおいしい。収穫作業中、のどが渇くたびに食べて、水筒がわりにしている。

国中いたる所にスプリンクラーが回り、飛び散る水しぶきは強烈な太陽光線を受けて大空に無数の美しい虹をつくり出している。

ノアの洪水のあと、神が契約された記事が思い起こされる。

1900年ぶりに回復された西の壁の前で仮庵の祭を祝うユダヤ教徒たち。(上)

しゅろの日曜日　オリブ山からエルサレムに入城したイエスを偲び、しゅろの枝をもって行進するクリスチャン巡礼者。(中)

金曜日の正午　聖日に神域で祈る回教徒。(下)

開拓

十九世紀の終わり頃から、ヨーロッパのユダヤ人の間にシオニズム運動が盛んになり、多くのユダヤ人が父祖の地に次々と帰還してくるようになった。

しかし、当時のイスラエルは、トルコ帝国の支配下にあり、彼らが購入を許された土地は人も住めないような荒野や沼地であった。

しかし帰還者たちは、それまでの職業を捨てて、学者や音楽家までが手にくわを持ち、泥にまみれながら荒野の開拓に、建国を夢見つつ励んだ。

その仕事は決して個人でできる容易なものではない。数家族が一緒になり、共にテントの中に住み、一切の財産を共有するところからキブツ（共同体）が始まった。集団で生活することが荒野の開拓をも可能にし、また隣国アラブの襲撃からも共に戦って国を守りぬくことができた。

現在も、キブツは三百近く点在し、その人口は約十二万、総人口の四パーセントであるが、農業生産高は国の総生産の四〇パーセントを占め、イスラエルの国家経済に重要な役割を果たしている。

こうしてヨーロッパから祖国を求めてユダヤ人たちが次々と帰還し、一九四八年五月には初代首相ダヴィド・ベングリオンによってイスラエル国の独立が宣言された。

イスラエル国歌「ハティクバ（希望）」

われらの胸にユダヤの魂が脈打つ限り、
われらの眼が東の彼方シオンに向かって
未来を望み見ている限り、
二千年われらが育《はぐく》み続けてきた希望は、
失われることはない。
その希望とは、われらが自由の民となって
祖国シオンとエルサレムの地に住むことである。

この国歌は、一八七八年、最初のユダヤ人の入植村が創設された後、そこでルーマニアの民謡を基に作曲されたものである。

離散の時代を通じて決して失われることがなかったユダヤ民族の「希望」が、祈りが、現在のイスラエルを再建させたのである。

三大宗教

●ユダヤ教

聖都エルサレムから三つの宗教が生まれ、全世界のその信徒たちは、この聖都を慕ってはるばるやってくる。

ユダヤ教では、アブラハムがその子イサクを神に捧げようとしたモリヤの丘に、ダビデは神の箱を置いて祭壇を築き、その子ソロモンによって神殿が建てられた。

その後、バビロニア帝国によって神殿は破壊されたが、帰還民によって再び、神殿は建てられた。しかし、やがてこの第二の神殿もローマ帝国によって滅ぼされてしまう。

現在のユダヤ教に神殿はないが、昔の神殿に最も近い場所「嘆きの壁」が、神殿に代わる彼らの聖所である。

●イスラム教

イスラム教にとって聖都エルサレムは、彼らの最も崇拝する預言者、マホメットの召天した場所である。それはモリヤの丘の岩の上で、その昔、ユダヤ人の神殿があった場所でもある。

数百年、アラブ人によって支配されていたエルサレムには、彼らの礼拝堂（モスク）がいたる所に見られる。

イスラム教徒の聖典は「コーラン」と呼ばれるもので、その書の中にはアブラハムの名を始めとして、聖書に登場する人物の名が多く記されてある。

なお、彼らの最も聖なる場所は、サウジアラビアにあるメッカで、そこはマホメットの生誕地でもある。

イスラム教徒は一日に五回、メッカの方に向かい、ひざまづいて敬虔な祈りを捧げる。また一生に一度は、このメッカに巡礼に行くことも彼らの掟である。

●キリスト教

キリスト教徒にとって、最も崇拝されるイエス・キリストはユダヤ人であり、ユダヤ教に精通していた人物であった。

このイエスが説いた福音と、その弟子たちの歩みを綴ったものが新約聖書である。

エルサレムは、このイエス・キリストが十字架にかけられ、また三日目に復活した場所であり、キリスト教徒にとっても欠くことのできない聖地である。

イエス・キリストが歩んだ一つ一つの場所を記念して数限りなく教会が建てられ、イエスの御姿を慕って世界中からの巡礼者が絶えない。

このようにユダヤ教、キリスト教、イスラム教の世界三大宗教は、それぞれ違った形で栄えてきた。

しかし、三つの宗教の根源はアブラハムに始まる唯一神教である。そして、旧約聖書のユダヤ教を基にしてキリスト教が生まれ、その後、イスラム教が起こった。まさに、この三つの宗教は、一つの根から咲いた三種類の花とでも言えよう。

九章　聖書の動植物

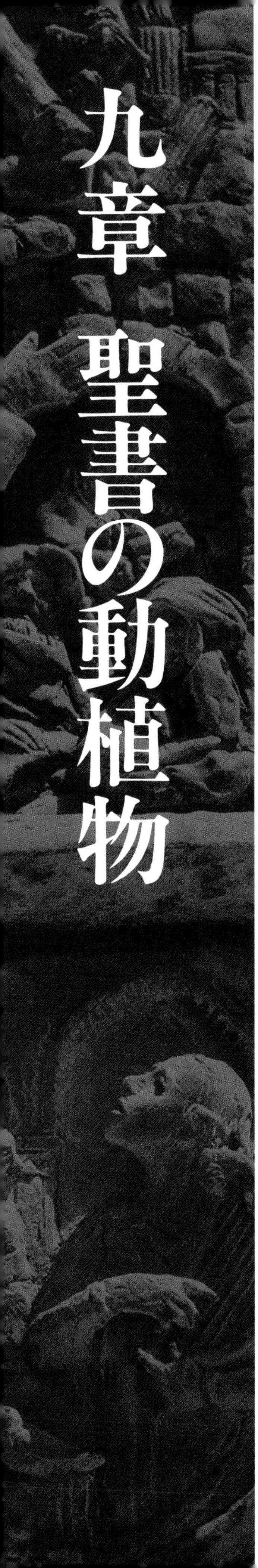

聖書の植物

●聖書と植樹

イスラエルの建国後、最大の事業は二千年間荒れ地と化した国土に木を植えることであった。

聖書の時代は緑豊かな国土であったと言われる。紀元一世紀、国の滅亡したあと次々と諸外国が蹂躙《じゅうりん》し続けたが、その中でもひどいのが十字軍であった。戦争に使うため木を切り尽くし、ほとんど全国土を禿《はげ》山にしてしまった。

イスラエルの国土を管理しているのは、ユダヤ国民基金《ケレン・カイエメット》だが、植林事業をする上で重要なことは土地に合った樹木の種類を選ぶことである。そこで発見した最良の手引きは聖書であった。聖書の記述通りに植えてみると、見事に成功した。

「アブラハムが井戸のかたわらに、ぎょりゅうの木を植えた」とあるので、ベエルシェバにはこれこそ最適の木と判断された。そのとおり街路樹や郊外の森に最も多く植えられている。乾燥を防ぐための細い糸のような葉。雨が非常に少ないネゲブの砂漠に育つためには、その根も地中深くおろす木でなければ生育できない。

「木を育てることは人を育てることであり、家畜を育てることである。ひいては国を建て直すこととなる」とケレン・カイエメットの人は植樹祭で挨拶した。独立後、今までに植えられた木が一億三千万本。今も子供が生れた記念に、結婚記念に、あるいは故人の記念にと植樹が行なわれている。

「イスラエルの山々よ、あなたがたは枝を出し、わが民イスラエルのための実を結ぶ」

（エゼ三六・八）

サフラン

サフラン

ザクロ

オリーブの実

イスラエルの七産物

なつめやし

ヒソプ

ミルトス

●ミルトス

カルメル山やガリラヤの山地に生育する低木。花は白く、濃藍色の実は小指大の大きさで食用にもなる。常緑のゆえにギリシア人は愛と不死の象徴とし、冠に用いた。

荒野が沃野に変わっていく様を「いとすぎはいばらに代わって生え、ミルトスの木はおどろに代わって生える」とイザヤは歌った（五五・一三）。ミルトスの枝は香りが良いので、なつめやし、はこやなぎ、エトログ（野生の柑橘類）と共に仮庵祭に携えていく四つの植物の一つに数えられている。

●ヒソプ

イスラエルの山地に生育する草で、茎の高さは三〇センチから五〇センチになる。茎の周りに白っぽいうぶ毛のようなものが生えている。出エジプトの前日、過越しの小羊の血を鉢にいれ、ヒソプを取ってその血をかもいと入口の柱につけた（出エ一二・二二）。今もサマリヤ人たちは、ゲリジム山上でこの儀式を続けている。ヒソプを使うのは、血液の中の凝固する成分がヒソプの毛に付着し、血が固まりにくくなるからではないかと思われる。レビ記一四章によれば、らい病人を清めるときも小鳥の血にヒソプを浸して七度血を注いだ。ダビデもバテセバ事件の後「ヒソプをもってわたしを清めてください」と祈っている（詩篇五一・七）。

ソロモンの知恵はレバノンの香柏から石垣に生えるヒソプにまで及んだという（列上四・三三）。ヒソプは生命力が強く、香りの強い油を含んでおり、香料や香辛料に用いられる。

◉七産物

申命記は第八章でカナンの地をこう賛えている。

「小麦、大麦、ぶどう、いちじく及びざくろのある地、油のオリブの木、および蜜のある地、あなたが食べる食物に欠けることなく、なんの乏しいこともない地である」。

小麦

小麦は四〜五千年前から中近東で栽培されていた。特にエズレル平原（神が播《ま》き給うの意）では栽培が盛んであった。十一〜十二月頃に播かれ、翌年四〜五月が収穫期。ユダの山地では、刈り取った麦を岩盤の上に積み、その上をろばや牛に重い板を引かせて脱穀する。脱穀した麦と殻を農夫はフォークのような道具でほうり上げ、西風によってふるい分ける。バプテスマのヨハネも救い主の到来を預言して「箕《み》を手に持って、打ち場の麦をふるい分け、麦は倉に納め、殻は消えない火で焼き捨てるであろう」と言っている（マタ三・一二）。

大麦

大麦は小麦の値段の半分から三分の一で、主にろばや馬など家畜のえさにした。しかし貧しい者たちは大麦のパンを食べていた。イエス・キリストの五千人のパンの奇跡の話では、一人の少年が差し出した五つの大麦のパンが奇跡のきっかけになる（ヨ八六章）。

ぶどう

聖書の中には、数百回もぶどうに関する記述があり、イスラエルでいかに重要な農産物であったかが分かる。栽培法はイザヤ書五章の「ぶどう畑の歌」によく描写されている。

四月には花が咲く。この頃、実を結ばない枝を農夫が剪定《せんてい》する。七〜九月にかけて収穫。この時期には雨が全く降らないので、糖分が多く甘美である。

地表の岩をくり抜いた酒ぶねにぶどうを山積し、素足で踏んでぶどう汁を搾《しぼ》った。ぶどう汁はすぐに発酵し始め、六週間ほど続く。イスラエルのワインは上質で世界中に輸出されている。

オリーブ

オリーブはイスラエルの全土でよく育つ。

「あなたの国にはあまねくオリブの木があるであろう」（申命二八・四〇）。

木の高さは十〜十二メートルになる。地下に真っすぐ根をおろし、三〜四メートルの深さの石灰岩の中から地下水を吸い上げるので、長い乾季にも耐えることができる。オリーブの葉は深緑だが裏は灰色がかっており、風に揺れると、銀色に光る。

オリーブは常緑樹で寿命が大変長く、エルサレムのオリブ山には樹齢千年を越す老木がある。「わたしは神の家にある緑のオリブの木のようだ。わたしは世々限りなく神のいつくしみを頼む」（詩篇五二・八）と詩人も歌っている。老木の樹皮は石のように固くなり、幹の中心部は空洞化する。しかし、幹の周りから多くの若枝を出していく様子を「あなたの子供たちは食卓を囲んでオリブの若木のようである」と歌う（詩篇一二八・三）。

オリーブの葉は平和のシンボルとしてよく使われる。七枝の燭台《メノラー》の両側に二つのオリーブの木をあしらった図案は、イスラエル国のシンボルで、ゼカリヤ書の記述に典拠している（ゼカ四・三）。

実《み》は塩水であく抜きした後、漬け込んで食する。また岩をくり抜いた酒ぶねで、油が搾られた。「石がめは新しい酒と油とであふれる」（民数一八・三〇）と記されているように、オリーブ油は灯し油、食用油や医療品としても使われ、乾燥したイスラエルでは髪や体を洗った後に油を塗ったりした。特に聖なる油は王や祭司を任命するときに頭に注がれた。メシヤ（ギリシア語ではキリスト）とは「油注がれた者」の意である。

なつめやし

幹はヤシの木に似ており、果実はナツメのような形をしているところから、「なつめやし」と呼ばれる。古い葉痕を幹に残しながら、真っすぐに伸びていき、高さは三〇メートルにも達する。その美しい木の姿は「あなたはなつめやしのように威厳がある」（雅歌七・七）、「正しい者はなつめやしのように栄える」（詩篇九二・一二）とも言われている。ヘブライ語で「タマル」と言い、女性の名前によく使われている。

頂上に七〜八房の実がなり、それぞれ数千個の黄金色や赤茶色の実がついていて、二十キロぐらいの重さがある。実は親指位の大きさで、栄養価が高く、生のままか、乾燥させて食する。

なつめやしは砂漠地帯に点在するオアシスで育つ典型的な植物である。塩分に強いので、ヨルダン渓谷や、死海のほとりエン・ゲディなどでも栽培されている。

イスラエルの七産物の中に含まれていないが、賢者たちの伝統的な解釈によれば、七番目の「蜜《ドゥバッシュ》」とは蜂蜜ではなく、なつめやしの蜜だという。洗礼者ヨハネが食べていた野蜜も、「森の蜜」、すなわちなつめやしの蜜であったのではないかという植物学者の説は興味ぶかい。

小麦

レバノン杉の幼木（エルサレム）

アカシヤ（シナイ半島）

◉レバノン杉（香柏）

レバノン産の常緑の針葉樹で、現在もレバノンの一五〇〇メートル以上の高い山に樹齢数千年といわれる木が生えている。高さは三〇メートル、幹の周囲は一〇メートルを越えるものがある。水平に長く伸びた枝ぶりは堂々として、「神の香柏」、「主の木」などと聖書の中で呼ばれたり、「わが愛する者の姿はレバノンのごとく、香柏のようで美しい」と雅歌は歌っている。

ソロモン王がエルサレムの神殿を建てるとき、わざわざツロの王ヒラムに頼んで、このレバノン杉を切り出させた（列上五章）。

第二神殿の建築やヘロデ王の改築のときもこの香柏が使われた。香柏の家とは、最も豪華な家の代名詞ともなった。

また、香りが高く、害虫がつきにくいので、ヒソプと共に清めの儀式で用いられた（レビ一四・四）。昔の人が香柏からとれる油を防腐剤として布や綱につけた記録も残っている。

◉アカシヤ

シナイやアラバの砂漠に生育するマメ科の樹木で、二種類が見られる。傘をひらいたような独特の形に枝をひらくものは六〜七メートルの高さになる。もう一つは幹も大きく高さも十メートルほどに成長して枝をはる。どちらも葉は羽状で鋭いとげが多く、水分の蒸発を防いでいる。

アカシヤは成長が遅く、材質は非常に堅く丈夫である。イスラエルの民がエジプトを脱出しシナイに入ったとき、荒野で木材のとれる木はアカシヤだけだった。シナイ山を下ったモーセは、民たちに命じて会見の幕屋の机や十戒の石板を納める箱をアカシヤ材で作らせた（出エ二五章）。

パピルス（フーレ湖）

◉パピルス

湖沼や川岸などに群生する多年生の植物。茎は四〜五メートルに達する。

このパピルスの茎の断面は三角形で、外側の皮をむき、水の中に数日間さらしておく。これを薄く切って縦横に重ねて並べ、たたいて乾燥させると、パピルス紙の出来上りである。ギリシア語のビブロス(本)、英語のバイブルも語源をさか上れば、古代エジプトで使われたパピルスに達する。

モーセの母は、このパピルスで編んだかごの中に赤子のモーセを入れて、ナイル川に流した（出エ二・三）。エジプトでは、このようにパピルスの茎で小舟も造った。

現在、イスラエル北部のフーレ湖の沼地にこの群生を見ることができる。

岩だぬき

カメレオン

ひとこぶらくだ

野ろば

かもしか（エルサレム聖書動物園にて）

さそり

白鷹

野やぎ

だちょう

●ラクダ

最も早く家畜として飼いならされた動物の一つである。荒野でゆうゆうと草をはんでいるラクダを見かけるが、イスラエルには野生のラクダはいない。古代エジプトの遺跡からもラクダの骨が発見されている。アブラハムがパロから多くのラクダをもらったと記されている（創世一二・一六）。

草食で反芻《はんすう》するが、胃袋は三つしかない。律法では、ひずめが分かれていないので汚れた動物とされ、食用を禁じられている（レビ一一・四）。歩き方は右の前足と後ろ足を同時に前に出し、次に左の前足と後ろ足を出すので、馬に比べて乗り心地はよくないが、慣れると速く走らせることができる。荷物の運搬や戦争にも使われた。

イスラエルのラクダは一こぶラクダだが、こぶの中身は脂肪の塊で、食物不足の時の栄養源として役立てる。またこれを水にも変えることができるので、砂漠で水の無い所も長時間歩き続ける。口の中や舌も丈夫にできていて、サボテンのようなトゲの多い草でも平気で食べる。

すらりと長い足の先に幅広いひずめがあり、砂の中に足がめり込まない。二百キロ以上の荷物を運び一日に百～百五十キロ以上の道を踏破するこの頼もしい家畜を、遊牧民たちは「砂漠の舟」と呼んでいる。

羊と山羊

●野やぎ

野やぎはユダの荒野の高い岩山の上に群れを成して住んでいる。雄《おす》には角が生えているが、その角の長さや巻き方によって年齢が分かる。雌《めす》の野やぎは美の象徴でもあり、聖書時代から今日まで、「ヤエル（野やぎ）」という名は女性の名に多い（士師四・一七）。

乱獲がたたって一時は絶滅が心配されたが、イスラエル自然保護協会の特別な保護下に数を増し、現在では、ダビデがサウル王に追われて逃げ隠れしたというエン・ゲディの谷間で野やぎを見ることができる。群れのうち一頭は一段と高いところで見張っていて、危険を感じたら仲間に合図をする。その合図を聞いたとたん一斉に安全な岩山に登ってゆき、頂上に着いて初めて回りを見廻す非常に臆病な動物である。

●岩だぬき

岩だぬきはアフリカからパレスチナ一帯に生息している。岩あなを住みかとして昼間活動する（詩篇一〇四・一八）。日の出とともに親子連れで岩の上に登り、日光浴する姿は微笑《ほほえ》ましい。

体は茶色で、耳も尾も小さく、ラグビーボールのようなずんぐり型。一家族が連なって行動し、ボス格の雄がいつもあたりを見張っていて、危険が迫ると合図をし、茶色のボールのような一団は自分たちの穴ぐらに転がり込む。

●かもしか（ツビー）

かもしかは比較的なだらかな丘や平地に住む。すらりとした首筋、細い足、美しい顔立ちは美と愛の象徴である。かもしかは、洞穴に巣を作ったりせず、野原や畑の中でお産をする。かもしかの子供は生れて数時間後には母親の後について歩き、夏の終わりには子じかの頭にも角が生える。雌には細い角、雄には太めの角が生える。雄同士はこの角を使ってケンカをする。

かもしかは畑を踏み荒らすので農夫にとっては頭が痛いが、その美しい姿はいつの時代も人の心を引きつけた。イスラエルも、「エレツ・ツビー（かもしかの国、麗しい地）」と呼ばれている（ダニ一一・一六）。

ろば

●ろば

イスラエルには野生のろばと家畜のろばがいる。野生のろばは、体全体が灰色で足に黒い縞がついている。紀元前四千年ころから飼いならされ始めた。イスラエルで多く見られるのは小型で灰色だが、焦げ茶色のろばも見かける。最も大きいのは白色のろばである。

ろばは農業、運搬、乗用に必要不可欠な家畜である。農業では鋤《すき》を引っ張り、麦打場の麦の穂を脱穀するために用いられた。また自分の体重よりも重い荷物を運び、急な坂道や足場の悪い所も平気で登っていく。聖書時代において、多くのろばを持つことは富の象徴であった。また馬よりもおとなしいので、特に婦人の乗用として使われた（サム上二五・二〇）。

馬のように速くないので、戦争には不向きだった。そこで平和の君、来たるべきメシヤが乗る柔和な動物として聖書に記されている（ゼカ九・九）。

●さそり

イスラエルには十五～二十種類のさそりがいる。黒色のさそりは比較的毒が少ないが、黄色のは毒性が強い。人間が立派な家に住み、ベッドに寝るようになってずっと被害が少なくなったが、昔の旅行記などの記録を見ると、さそりが人間に与えた恐怖は計り知れない。頭の前に伸ばした二本のハサミで獲物をつかまえ、尾の先についた毒ばりで刺し殺す姿が、実際の被害よりもっと誇張されて伝えられたためであろう（エゼ二・六）。実際にさそりに刺された人が生命を落とすことはめずらしく、ほとんどは痛みだけで終わる。

さそりは夜行性で昼間は石の下にひそんでいることが多いので、不用意に大きな石を素手で持ち上げるのは危険である。必ず靴をはいた足で石を転がし、さそりがいないことを確かめた後に持ち上げるようにする。さそりが尾を持ち上げ逆エビ型になったときは攻撃の用意なので、特に注意が必要である。

こうのとり

●カメレオン

は虫類の中で最も人気があるのはカメレオンであろう。周囲の色に合せて自分の体の色を緑、茶色、灰色などに変えることができる。前足は人間の手のひらに似ていてしっかりと物をつかむことができ、目玉は片方ずつ自由に動かす芸当もやってのける。

もう一つの特長は獲物から二十センチくらいの射程距離に入ると、長い舌を伸ばして、昆虫などをその舌先にくっつけて、あっという間に飲み込んでしまう。もし、この長い舌がなかったなら、足の遅いカメレオンは獲物にありつけないで絶滅していたであろう。これも生き抜くための知恵である。レビ記では地に這う汚れた動物として記されている（一一・三〇）。

●だちょう

だちょうは鳥類の中で最も大きいが、翼が短かすぎて飛ぶことができない。しかし長い足を利用し、歩幅三メートルの大股で、地上のどの動物よりも速く走ることができる。古代イスラエルでは多くの野生のだちょうが生息していた。

聖書の中では忌むべき鳥で食用に適さないとされている（レビ一一・一六）。また荒廃した所の形容として「だちょうがそこに住む」（イザ一三・二一）と記されている。

●やぎ

日本で〝やぎ〟といえば、真っ白なやぎを想像するが、イスラエルでよく見られるのは、黒色や茶色のやぎである。この黒い色が罪を象徴したのか、昔、大贖罪日にはアザゼルのやぎが罪をかぶって荒野に放たれた。

毛は長く、これを織った天幕で会見の幕屋の外側をおおった。子やぎの肉は非常においしいが、「あなたは子やぎの肉をその母の乳で煮てはならない」と律法はきびしく戒めている（出エ二三・一九）。ユダヤ教ではこれを拡大解釈し、絶対に肉と乳製品を一緒に調理したり食べたりしないように細心の注意を払っている。

やぎは、植物の若芽を食べてしまうので、放牧するとたちまち耕地も荒廃してしまう。今世紀初頭ユダヤ人が入植するまで、パレスチナは荒れ果てていたが、この責任の一端はやぎにあったと言える。

イスラエルでは、羊とやぎを同じ群れの中に入れて放牧する。方向オンチの羊ばかりよりも、やぎが混じっていた方が先導しやすいという。夕方羊飼いが帰ってくると、一緒にいた羊とやぎを別々の囲いに入れる。

●羊

羊は聖書の中で最もよく登場する家畜である。イスラエルの羊は白い毛であるが、顔と足は茶色である。尾が太く、夏の草の少ない時期の栄養源として八キロ位の脂肪の塊がつく。昔は神への捧げ物としてこの脂肪を焼いて香りとし、天にまで達せしめていた（レビ三・三～五）。雄羊は曲った角をもつが、これは角笛を作るために用いられる。羊は乳を搾《しぼ》り毛を刈ったり、ほふって食用にしたりする。

非常に有用な家畜でその性質はおとなしく、他の獣から襲われても自分を守ることができない。群れからはずれて迷ってしまうと、自分の小屋に戻ることもできない愚鈍な動物だが、自分を保護し、草のあるところに先導する羊飼いの後に、鼻面をすりよせて信頼してついて行く従順な性質がある。それで聖書の中では、神とイスラエルの関係を羊飼いと羊の譬《たとえ》でよく表わしている（詩篇二三、八〇、ヨハ一〇・四）。

イスラエル　旧約聖書地図
ヘルモン山
ダン
ビルアム
ハゾル
メロン山
ツファット
ガリラヤ湖
ティベリア
キション川
カルメル山
エズレル平原
タボル山
地中海
モレの丘
メギド
ハロデの泉
ギルボア山
ベテシャン
ギレアデ
ドタン
アベルメホラ
ヨルダン川
サマリヤ
エバル山
シケム
シャロンの野
ヤボク川
エフライム
シロ
モディイン
ギルガル
アヤロンの谷
エリコ
エルサレム
ゾラ
ベテシメシ
ベツレヘム
エラの谷
クムラン
モアブ
ヘロデオン
アシケロン
テコア
ユダの荒野
死海
ガザ
ヘブロン
エン・ゲディ
マサダ
ベエルシバ
ネゲブ
ソドム
エドム

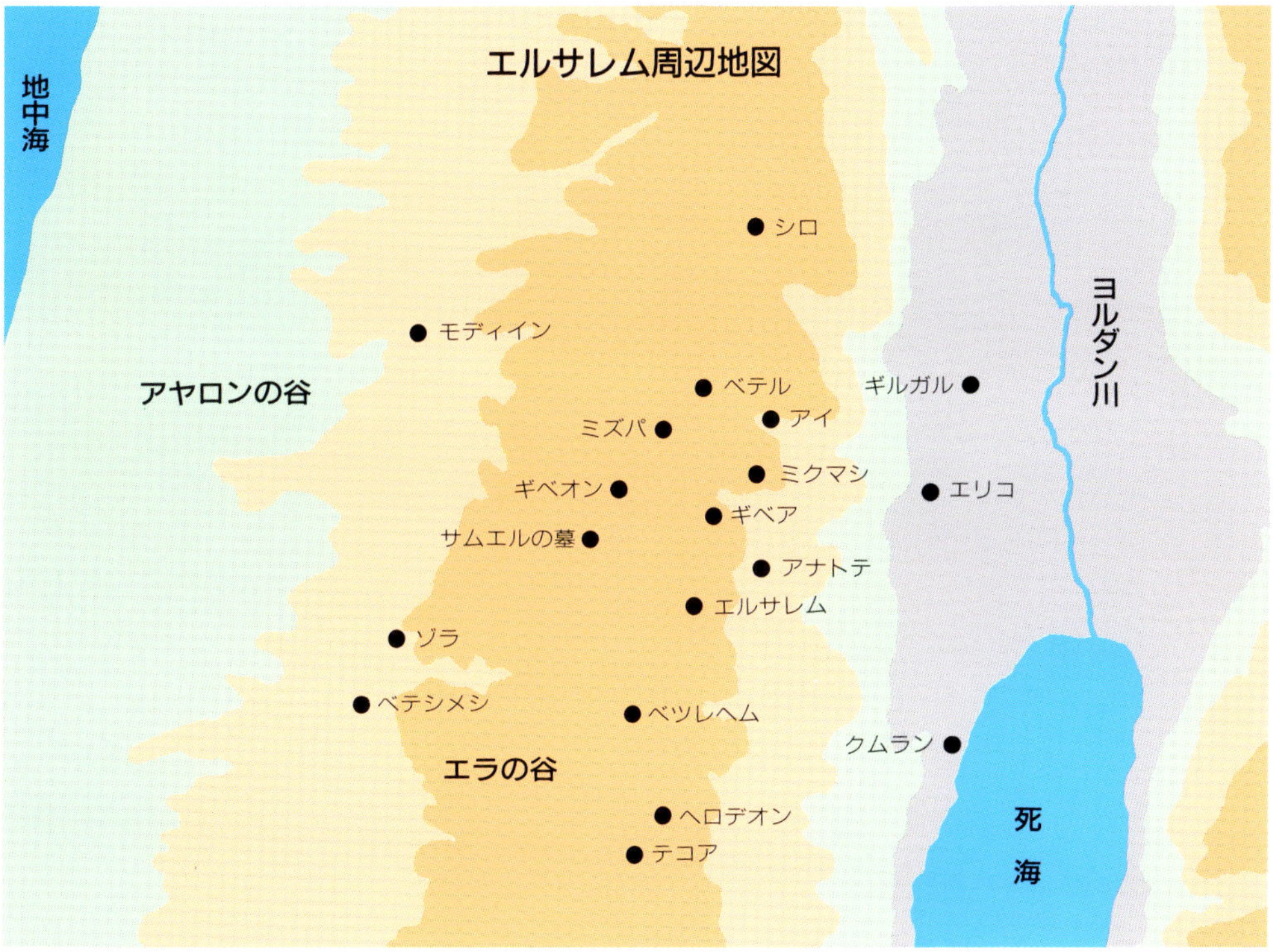
エルサレム周辺地図
地中海
シロ
モディイン
アヤロンの谷
ベテル
ギルガル
ヨルダン川
ミズパ
アイ
ギベオン
ミクマシ
エリコ
ギベア
サムエルの墓
アナトテ
エルサレム
ゾラ
ベテシメシ
ベツレヘム
クムラン
エラの谷
ヘロデオン
死海
テコア

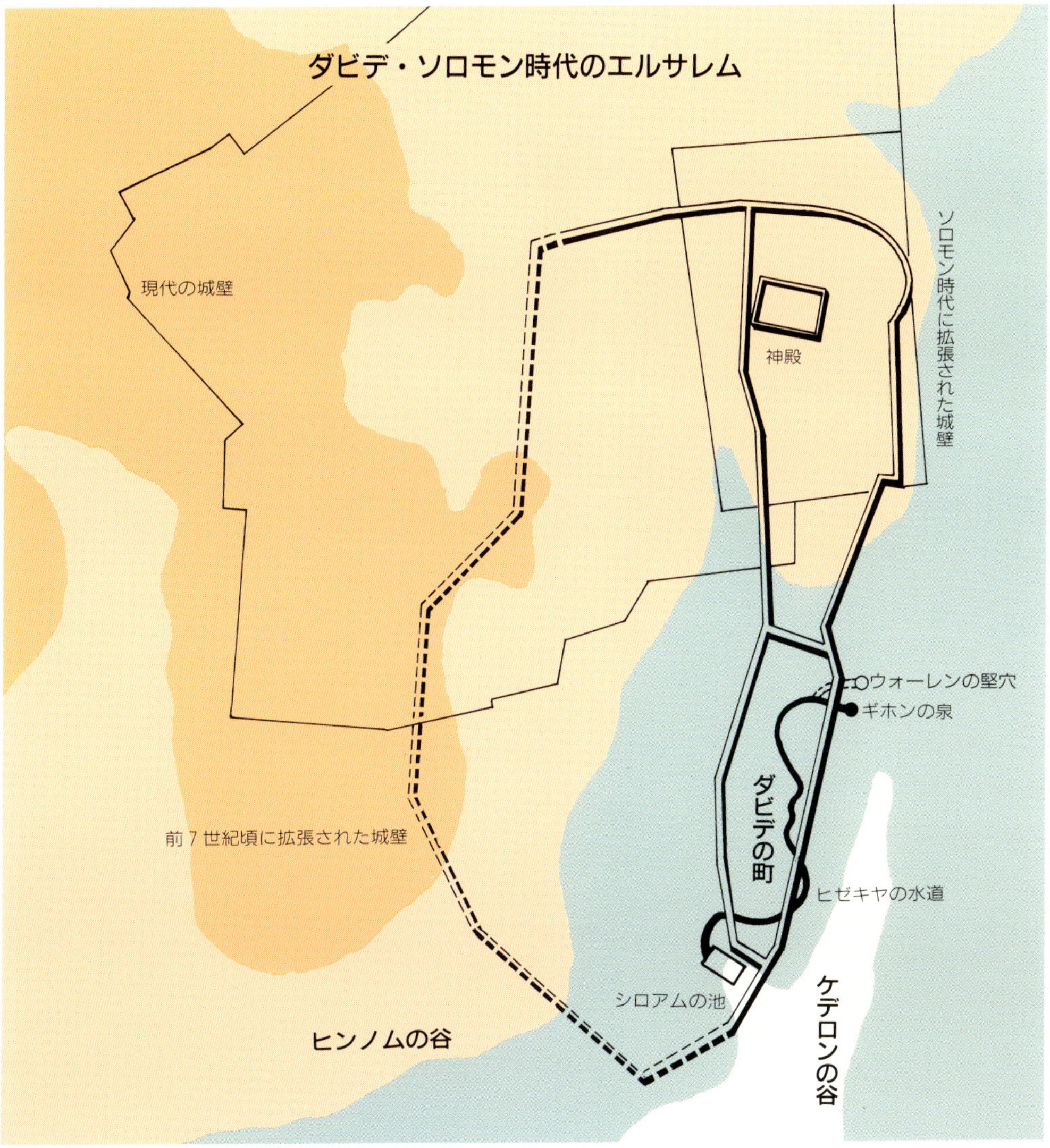
ダビデ・ソロモン時代のエルサレム
現代の城壁
神殿
ソロモン時代に拡張された城壁
ウォーレンの竪穴
ギホンの泉
ダビデの町
前７世紀頃に拡張された城壁
ヒゼキヤの水道
シロアムの池
ケデロンの谷
ヒンノムの谷

イスラエル史年表

紀元前

●族長時代

一九〜一七世紀　族長アブラハム、ハランを出発し、エジプトからカナンの地へ定住する。
一七〜一六世紀　族長イサク、ヤコブの時代。
　ヤコブの子ヨセフがエジプトで宰相となり、ヤコブの一族はエジプトへ移住する。
一三〇四〜一二三七　エジプト王パロ（ラメセス二世）の治世。

●出エジプトの時代

一二七〇頃　モーセの率いるイスラエルの民エジプト脱出。

●カナン定着・士師の時代

一二三〇頃　ヨシュアの率いるイスラエルの諸部族、カナンに定着する。
一二三〇〜一一〇〇　士師の時代、デボラ、ギデオン、サムソンなどが活躍し、異民族と戦う。

●統一王国時代

一〇五〇頃　シロの聖所にあった神の箱、ペリシテ人に奪われる。
　預言者サムエルがイスラエルを指導、統一王国の先駆けとなる。
一〇二〇　サウル、イスラエル初代の王となる。
一〇〇四頃　サウル、ギルボア山で戦死。ダビデ、ヘブロンで王に即位。
九九七　ダビデ、エルサレムに都を移し、全イスラエルの王となる。
九六五　ソロモン王即位。

●預言者の時代

九二八　ソロモン王の死後、国は南ユダと北イスラエル王国に分裂。
八八二　オムリ、北イスラエル王国の新首都をサマリヤに築く。
八七三〜八五一　預言者エリヤ、北イスラエル王国での活躍。
八五〇〜七九〇　預言者エリシャの活躍。
七五〇頃　最初の記述預言者アモスの活躍。
七四六〜七三五　預言者ホセアの活躍。
七二二　アッシリア王（シャルマネセル五世）北イスラエル王国を滅亡させる。
七四一〜七〇一　預言者イザヤ、南ユダ王国で活躍。
七〇五　南ユダのヒゼキヤ王は地下水道を完成させる。
七〇一　アッシリア王セナケリブ、エルサレムを包囲。しかし一晩のうちに退散。
六二六〜五八六　預言者エレミヤの活躍。
六二二　南ユダのヨシヤ王は申命記改革を行い、エルサレムを唯一の聖所と定める。

●バビロニア捕囚時代

五八六　ユダ王国はバビロニア帝国によって滅ぼされ、民はバビロニアに捕囚される。
五八六〜五三八　バビロニア捕囚時代。この頃神殿に代わってシナゴーグでの礼拝が始まる。

●シオンへの帰還

五三八　ペルシア王クロス、ユダヤの捕囚民を帰還させる。
五二〇　ゼルバベル、預言者ハガイとゼカリヤと共に神殿再建に着手。
五一五　エルサレム第二神殿、完成する。
四五八　律法学者エズラ、バビロニアからエルサレムに派遣される。
四四五　ネヘミヤ、ユダヤ州知事として活躍。
　　　　ユダヤ教の宗教改革。エルサレムの城壁を修復する。

●ギリシア時代

三三二　ギリシアのアレキサンダー大王、パレスチナを征服。
二八〇　エジプトのアレキサンドリアでギリシア語訳聖書（七十人訳）が完成。
一六七　シリアのアンティオコス四世によってユダヤ教禁止令が発布。
　　　　ハスモン家のマタティヤ、反乱を起こす。

●ハスモン王朝の時代

一六四　ハスモン家のユダ・マカビー、エルサレムを奪回、神殿の宮潔めを行なう。

●ローマ時代から現代

六三　ローマ帝国のポンペイウスによってユダヤ支配が始まる。
三七　エドム人ヘロデ、ローマ帝国よりユダヤの王に任命される。
二〇　ヘロデ王、エルサレム神殿の大改築に着手。
七〜六　イエス・キリストの誕生。
四　ヘロデ王の死。

紀元後

三〇　イエス・キリスト、十字架刑にされる。
　　　イエスの弟子たちを中心に原始キリスト教が生まれる。
六六　ローマの圧政下にユダヤ人熱心党による反乱が始まる。（第一次反乱）
七〇　ローマのティトス将軍エルサレム第二神殿を破壊。ユダヤ人の離散が始まる。
七三　ユダヤ反乱軍最後の拠点、マサダ陥落する。
九〇頃　ヤブネにおいて、聖書の正典化なる。
一三二〜一三五　バル・コフバの反乱。ローマ軍に対するユダヤ人の最後の反乱。（第二次反乱）
〜六三六　ローマ帝国、ビザンチン帝国のパレスチナ支配。
二一〇　ユダ・ハナスィ、ティベリアにて「ミシュナー」を編纂。
五〇〇頃　バビロニア・タルムードの完成。
六三六〜一〇九九　アラブ人およびセルジュク人のパレスチナ統治。
一〇九九〜一二九一　十字軍の統治。
一二九一〜一五一六　マムルークの支配。
一五一六〜一九一七　オスマン・トルコ帝国の支配。
一五三〇頃　ユダヤ教「カバラー神秘思想」の研究がツファットで始まる。
一九一八〜一九四八　英国の委任統治。
一九四八　イスラエル共和国の独立。

引用聖書の略語

聖書の引用はすべて日本聖書協会の口語訳聖書によりました。

旧約聖書

創世 ＝ 創世記
出エ ＝ 出エジプト記
レビ ＝ レビ記
民数 ＝ 民数記
申命 ＝ 申命記
ヨシ ＝ ヨシュア記
士師 ＝ 士師記
サム上 ＝ サムエル記上
サム下 ＝ サムエル記下
列上 ＝ 列王紀上
列下 ＝ 列王紀下
歴下 ＝ 歴代志下
ヨブ ＝ ヨブ記
詩篇 ＝ 詩篇
雅歌 ＝ 雅歌
イザ ＝ イザヤ書
エレ ＝ エレミヤ書
エゼ ＝ エゼキエル書
ダニ ＝ ダニエル書
ホセ ＝ ホセア書
アモ ＝ アモス書
ヨナ ＝ ヨナ書
ミカ ＝ ミカ書
ハバ ＝ ハバクク書
ゼパ ＝ ゼパニヤ書
ゼカ ＝ ゼカリヤ書

新約聖書

マタ ＝ マタイによる福音書
ルカ ＝ ルカによる福音書
ヨハ ＝ ヨハネによる福音書
ヘブ ＝ ヘブル人への手紙
黙示 ＝ ヨハネの黙示録

旧約聖書外典

知恵 ＝ 知恵の書

●ワ行

聖書の索引

旧約聖書

■創世記

■出エジプト記

■レビ記

■民数記

■申命記

■ヨシュア記

■士師記

■サムエル記上

●マ行

●ヤ行

●ラ行

●タ行

●ナ行

●ハ行

索引

●ア行

索引❶

撮影余話

横山 匡

イスラエルは小さな国である。預言者エリヤの像が立つカルメル山の頂上から西を見渡すと、地中海が陽の光を反射してきらめいている。東に目を転ずると、美しい穀倉地帯エズレル平原の向こうに、ヨルダン国のギレアデの山脈があざやかに見える。この位置で東西の幅はわずか七〇キロだ。

日本の四国ほどの面積しかない国なのに、何と変化に富んだ自然を見せていることか、感動が尽きない。そしてこの地こそ、神と人間が深く関わりあった聖書の舞台となった聖地であると思うと、イスラエルという国は私を限りない憧憬にかりたてる。

少年の頃より聖書に培われてきた私にとって、聖地イスラエルは、魂の故郷《ふるさと》とも言える場所であった。十三年前に初めて聖地巡礼をして以来、寝ても覚めてもこの気持は募るばかりであった。

＊　＊

聖書の舞台を一年間通して写真に撮りたいと、ついに意を決して昭和五十九年夏、日本を飛び立った。

現地で乗用車を購入し、夜明けから日没まで、来る日も来る日も撮影に没頭した。一年足らずで車のメーターは四万キロを突破していた。撮影したフィルムは三万枚にのぼる。それでもまだ足をのばしきれなかった所が何ヵ所もある。〝イスラエル〟という国の奥深さを痛感させられた。

この一年間のスチール撮影が終わる頃、聖地をビデオで紹介する企画に参加することになり、ビデオ撮影の担当を引き受ける。一時帰国して機材を揃え、再びその夏、ベングリオン空港に降りたった。

スチール写真では何ら問題のなかった所も、ビデオとなるとことごとく撮影許可が必要である。このためにヘブライ大学卒業の有能なスタッフが奔走してくれた。三時間のビデオを作るためのシナリオから撮影箇所をひろい出すと、三五〇箇所以上にものぼる。

夜明け前に、現場に着き撮影を開始する。午前と午後の光線状態に応じて場所わけしたスケジュールを、一ヵ所でも多くこなすために車を走らせる。夏の乾季は毎日快晴だが、春は雲間に出る太陽を待つ時間が、とても長く感じられた。

持参のビデオカメラ（ソニー、ベータカム）が動かなくなった時は、本当に困った。日本を発つとき、ロンドンまで行かなければ信頼できる修理はしてもらえないと聞かされていたからである。

イスラエル国営放送局に問い合せて、テルアビブにソニーの代理店があることを聞き、祈る気持ちで持参した。三日後それが完全に修理できた時はうれしさのあまり、思わずイスラエル人のスタッフに握手して〝トダーラバー（有難う）〟を連発した。

しかもカメラを修理中の三日間は、アラビア半島から吹きつける砂塵で空は霞《かす》み、すべてのものが白く見えるハムシーンとなった。たとえカメラが健在であっても撮影は不可能であった。思いがけなく私にとっても、体を休める貴重な三日間となった。

最初の一年間は小さなスチール写真の一枚に、どれだけ聖地の感動が伝えられるだろうかと、いつももどかしい思いをしながら撮り続けたが、ビデオ撮影で、この気持は幾分か解消した。時間と音が加わり、伝えられる情報量は飛躍的に増加するので、見る者に現実感をもって迫ってくる。それでも実際に自分の体をその場に運んで、風の香をかぎ、波の音を聞き、石に触れて直接聖地から受ける感動とは比較にならない。

本書をご覧になられた読者の皆様が、聖地旅行に出かけられるきっかけとなれば、大変うれしい。

＊　＊

聖書の国、イスラエルに住む人々は、生活のすみずみまで聖書を生きている。例えば、この国の一日は日没から始まる。カレンダーに記されたお祭りの日に、それを見に行ったが、もう遅く、失敗したことがあった。実は前日の夕方から始まっているのである。これは創世記第一章に「夕となり、また朝となった。第一日である」とあるところから、一日は夕方から始まるのである。休日や食べ物などあらゆる日常生活の基盤が聖書にある。

スチール写真とビデオ撮影に要した二年間に、多くの方々に接することができた。ヘルツォーグ大統領をはじめ、世界的に高名な大学教授、音楽家、宗教家等々、無名の農業にたずさわる人々にいたるまで、どの人も国を支えているのは自分であるという意識がつよい。

国の内外に多くの難問題を抱えていることは、日本の新聞に毎日のように報ぜられる、中東問題を見てもわかるが、解決の糸口さえ見出せないような状況であっても、イスラエルの人々は非常に明るく楽観的である。そこには聖書にうらづけられた信仰があるからこそ、希望を持ち続けられるのであろう。

建国に至る二千年にわたる離散の生活を通して、火のような試練を経て来たユダヤ魂から、我々日本人が学ぶべきものは余りにも多い。

「建築現場には、足のふみ場もないほどゴミが散乱していても、出来上って足場をとりのぞけば立派にビルが完成しているように、イスラエルの国は完成に向かって進みつつあるのだ」と言い切った、ある農場の主人の言葉が忘れられない。ここにも、一千年の単位で歴史を見通そうとするスケールの大きい心にふれる思いがした。

聖書に一貫して流れるヘブライズムの精神が、苦難に挫《くじ》けない強靭なユダヤ魂の基盤となっている。

今や建国に直接携わった人たちが第一線を退き、若い人たちにバトンタッチされてゆく時が近づいている。どのように先駆者の嗣りが受け継がれてゆくか、今後の大きな課題であろう。

あとがき

聖書の国イスラエル。

憧れてはいても実感のない、夢のように遠い異国の地。それが一度行って見ると、たちまちに自分の国のように好きになってしまった。そして、あっという間にかの地で数年間を過ごしてしまったという、そんな経験の持ち主が、本書の制作スタッフ達である。

ヘブライ語を習得した上で、聖書をよく読みよく学び、あるいは聖地の人文地理に詳しく、しかも信仰心のあつい連中であるから、聖書を紹介してもらうにはもっとも適任と言えるだろう。

一昨年、テレビ朝日の牛山剛氏より聖書物語の映像化のお薦めをいただいたのが発端で、三巻より成るビデオ作品が完成した。その制作には私もお手伝いしたが、映像シーンがすべて本物の現場であるだけに、聖地の魅力が直に訴えて来ますね、との批評をいろいろな方からお聞きした。それは横山匡氏の大変に美しいカメラ・ワークのお蔭でもある。

本書はそのビデオの活字化を試みたものだが、映像と活字をメディアとして比較してみたとき、書籍には書籍なりの長所がある。本は、好きな時に好きな場所でじっくりと見ることが出来る。そんな意味で、スチール・カメラマンの横山氏の本領を発揮した作品が、ビデオに劣らぬ迫力で聖地イスラエルの素晴らしさを伝えてくれると想う。

解説の文にも、ユニークな点があるので、一言触れておきたい。

今回単行本化にあたり、旧約聖書をユダヤ民族史の流れにそって簡潔にまとめたナレーションはそのまま生かして、大切な、あるいは分かりにくい項目に解説を付すことにした。従来、日本で見受けられる解説は西洋キリスト教的観点からのものが多かったが、本書はなるべくイスラエル学派の成果やユダヤ文献を参照して説明するよう努力している。ただし願ったように果たせたかどうか。新しい試みなので不十分な点はお許しいただきたい。また、取材班に聖地での体験記をも書き加えてもらった。

さて、読者の方々が本書を通してイスラエルに興味を抱き実際に訪ねられるならば、スタッフ一同の望外の喜びである。本書を予備知識にされても、聖地の旅は十分実りあるものになることと信ずる。

最後に取材に御協力いただいたイスラエルの関係諸氏に感謝し、デザイナーの加藤正司氏と小堀製版印刷株式会社の御尽力に心から御礼申し上げたい。

一九八七年四月　河合一充

監修　河合一充
編集協力　牛山　剛
編集　綱掛宙人
那須雄二
撮影　横山　匡
取材　四宮光彦
デザイン　加藤正司
レイアウト　長井史音
制作進行　神田　真
絵地図　奥谷耕次

■現地取材協力

イスラエル観光省
イスラエル宗教省
イスラエル国防省
イスラエル国立公園協会
イスラエル博物館
ロックフェラー博物館

イスラエルに見る聖書の世界〈旧約聖書編〉

1987年4月26日　第1刷発行
2003年7月10日　第13刷発行
(特装本第1刷)

編者　ミルトス編集部
発行者　河合一充
発行所　株式会社ミルトス
〒102-0073 東京都千代田区九段北1-10-5
九段桜ビル2F
電話03(3288)2200 FAX 03(3288)2225
振替 00140—134058
印刷・製本所　三松堂印刷㈱

ISBN4-89586-025-6

乱丁・落丁の本はお取り替えいたします。